Michael Klotzbücher

Ich auch!

## Zu diesem Buch

Über den Camino de Santiago gibt es schon jede Menge Bücher.

Von Carmen Rohrbach, Shirley MacLaine, Paulo Coelho, Hape Kerkeling und vielen anderen, weniger oder gar nicht bekannten Autorinnen und Autoren. Es gibt zahlreiche Reiseberichte, Kriminalgeschichten, kunst- und kulturhistorische oder esoterische Betrachtungen.

Dieses Buch ist nicht nur eine eigene Wegbeschreibung. Der Autor zitiert und kommentiert existierende Bücher und vergleicht seine eigenen Eindrücke und Erfahrungen mit denen dieser literarischen Vorbilder.

Darüber hinaus denkt er auf seinem langen Weg an viele Themen wie den ausgesprochenen Gedankenstrich, das Gesundheitswesen, Maria und Josef, die Wege der Revolutionäre von 1848, an Windkraft und Atomausstieg und an das Problem der korrekten Anrede der Geschlechter.

Schließlich zieht er eine kritische Bilanz zum Zustand des Camino heute und fragt, ob es in einer Zeit voller Flucht und Vertreibung noch zeitgemäß sein kann, als bunter Powerriegel nach Santiago zu rennen.

Dieses Buch endet in Astorga, 260 Kilometer vor Santiago. Die Fortsetzung bis Finisterre erscheint im Herbst 2017.

*Foto: Marcus Milbradt*

*Dr. Michael Klotzbücher,* geboren 1951 in München, ist Chirurg mit eigener Praxis in Donaueschingen.

Neben seiner eigentlichen Tätigkeit, dem Operieren, ist er seit vielen Jahren politisch aktiv. Als Stadtrat, Bundestagskandidat und in zahlreichen Funktionen seiner Partei, den Freien Demokraten.

Nach vielen Operationsberichten, Arztbriefen und politischen Reden ist dies sein erstes Buch.

# Michael Klotzbücher

# Ich auch!

## Mein Jakobsweg

Bibliografische Information der Deutschen Nationalbibliothek:
Die Deutsche Nationalbibliothek verzeichnet diese Publikation in der
Deutschen Nationalbibliografie; detaillierte bibliografische Daten sind im
Internet über http://dnb.dnb.de abrufbar.

Die genannten oder aufgrund der Schilderung erkennbaren Firmen und die
zitierten und damit promoteten Autorinnen und Autoren sowie deren Verlage
sind an der Realisierung dieses Buches in keiner Weise beteiligt.

Herstellung und Verlag: BoD – Books on Demand, Norderstedt
ISBN: 978-3-7347 9838-2

*Für Kjell Nicolai, den großen Marschierer*

# Inhalt

# Quellen

**Jakobsweg,** Carmen Rohrbach, Piper Verlag München 1991, Piper E-book 2009

**Der Jakobsweg,** Shirley MacLaine, Goldmann Verlag München 2001

**Ich bin dann mal weg,** Hape Kerkeling, Piper Verlag München 2006

**Auf dem Jakobsweg,** Paulo Coelho, Hörbuch und E-Book, Diogenes Verlag Zürich 2007

**Tod auf dem Jakobsweg,** Petra Oelker, Rohwolt Verlag Hamburg 2007

**Zwei Esel auf dem Jakobsweg,** Tim Moore, Piper Verlag München 2008

**Das Jakobsweg-Komplott,** Ulrich Hinse, Scheunen Verlag 2009

**Das Geheimnis von Santiago,** Toti Lezea, Krüger Verlag 2010 und Fischer E-Books

**Spanischer Jakobsweg,** ADAC-Wanderführer, ADAC Verlag München 2010

**Der Jakobsweg,** Reiseführer, Joan Fiol Boada, Hampp Verlag Stuttgart 2007

# 1 Donaueschingen

Es gibt gute und schlechte Geschäftsideen. Eine gute fällt mir jetzt, wie eigentlich immer, nicht ein. Eine schlechte wäre zum Beispiel der Bau eines Skilifts am Kaiserstuhl bei Freiburg im Breisgau, da gibt es nämlich garantiert keinen Schnee. Obwohl- es würde mir durchaus Spaß machen, ein solches Projekt mal einer Bank zur Finanzierung vorzuschlagen.

Eine sicher noch schlechtere Geschäftsidee ist es, ein Buch über den Jakobsweg, den historischen Pilgerpfad nach Santiago de Compostela, zu schreiben.

Solche Bücher gibt es schon wie Sand am Meer, und dann gibt es auch noch etwa 535000 Websites zum Thema, sagt Google. Man könnte problemlos jedem Pilger, der im August zwischen Saint Jean Pied de Port in Frankreich und Santiago de Compostela in Spanien auf etwa 800 Kilometer verteilt unterwegs ist, mehrere individuelle Lektüren mitgeben.

Ich mache es trotzdem. Noch ein Buch schreiben.

Es muss ja keine Erfolgsgeschichte werden, aber auf jeden Fall habe ich dann Weihnachtsgeschenke für meine Kinder und Freunde, und notfalls lese ich es halt selber.

Ich habe von den existierenden Büchern nur wenige gelesen. Aber keine, die sich gleichen. Selbst zwei Reiseführer beleuchten ganz unterschiedliche Aspekte, bewerten den gleichen Wegabschnitt unterschiedlich; Romanautoren setzen ihre Schwerpunkte mal auf das Spirituelle, mal auf Kunst und Kultur oder auf die logistischen Probleme des Weges. Die eine schreibt einen Krimi, der andere über die Templer, der nächste ist mit einem Esel unterwegs; also nicht auf dem Esel, das wäre nicht korrekt, nein, er führt ihn als Lasttier mit, wobei dieser Begriff unterschiedliche Interpretationen erlaubt; und so weiter.

Ich will die Gedanken, die mir auf dem Weg kommen, ordnen und aufschreiben – das gehört zur Bewältigung des Abenteuers Camino, sagt man. Und ich will schauen, was an den von mir gelesenen Büchern dran ist. Ich nenne die Autoren mal meine „literarischen Wegbegleiter".

Sie bemerken die etwas hinterfotzige Absicht: Ich kann auf dem Weg an alles denken und so auch über alles schreiben. Ich muss auch keinen Gedanken wirklich zu Ende führen, mir kann immer ein logistisches Problem des Wegs, ein Regenschauer, eine Kirche oder was auch immer dazwischenkommen.

Vielleicht wird es ja eine Abrechnung mit dreißig Jahren Kommunalpolitik am Beispiel meiner Wahlheimat Donaueschingen, vielleicht ein Aufschrei über den Untergang des Liberalismus, möglicherweise auch eine fundamentale Kritik am deutschen Gesundheitswesen oder ein Pamphlet gegen die deutsche Autoindustrie. Wenn es spirituell werden sollte, dann sicher distanziert und kritisch, vielleicht ein wenig hämisch karikierend.

Es könnte auch passieren, dass ich in der Gluthitze der Meseta, an Wassermangel leidend, die Dinge durcheinanderbringe und Hape Kerkeling einen Templer killen lasse, der mit Carmen Rohrbach im Freien übernachtet, während die Hamburger Reisegruppe ihren Bus ein eine Schlucht schmeißt und Tim Moore den Esel klaut.

Ich verspreche nur: Beziehungskisten bleiben außen vor, ich will mich auf dem Weg ja auch erholen.

Das war meine letzte Warnung, und jetzt von Anfang an.

Meinen ersten Kontakt mit dem Pilgerpfad hatte ich, bevor ich irgendein Buch gelesen habe und vor allem, darauf lege ich Wert, bevor Hape Kerkeling mit seinem Buch den bekannten Jakobs-Hype ausgelöst hat.

Das kam so: Ich bin nicht nur Arzt und ein bisschen Politiker, sondern auch Pfeifenraucher, seit meinem 16. Lebensjahr. Pfeife rauchen anstatt Zigaretten war ein Protest gegen die Masse, so wie auch Citroen 2CV fahren anstatt Mercedes, und bestimmte Zeitungen grundsätzlich nicht zu lesen.

Raucher haben es heutzutage schwer. Besonders schwer hatten es schon damals Pfeifenraucher, die auf eine bestimmte Marke und Sorte von Tabak fixiert waren, die es nicht an jeder Ecke zu kaufen gibt. Mein langjähriger Chef und Lehrmeister am Kreiskrankenhaus Donaueschingen war so einer.

Ich habe bei ihm viel Chirurgie gelernt, vor allem aber auch viel über Menschlichkeit, Souveränität und natürliche Autorität. Seine spezielle Dunhill-Mischung gab es nur in den USA, vermutlich wegen bestimmter Inhaltsstoffe und der strengeren deutschen Drogengesetzgebung.

Er hatte sich deshalb eine entsprechende Vorratshaltung größeren Ausmaßes organisiert, einmal jährlich kam Nachschub. Ich war mal bei ihm zum Probieren eingeladen, aber ich hatte das Gefühl, die lange Lagerung war doch mit deutlichen Qualitätsverlusten verbunden, falls das Zeug nicht immer und auch frisch nach geteertem Seil schmeckte.

Meine Marke war schon lange und ist auch heute noch eine besondere aus Dänemark, die es günstig in der nahen Schweiz, in Donaueschingen teurer nur bei einem Fachhändler und bei einer Billigtankstelle im nahen Ortsteil Allmendshofen gibt, was die Rettung vor einem Versorgungsengpass bedeutet, wenn der Fachhändler zu hat.

*Infotafel am Bahnhof Donaueschingen*

Es war an einem Wochenende, als mein Tabakvorrat mal wieder zu Ende ging. Weil ich, diesbezüglich wenig vorausschauend, meinen erwachsenen Kindern, die im Besitz von Führerscheinen, aber nicht von eigenen PKWs waren, erlaubt hatte meinen zu benutzen, musste ich mich suchtbedingt zu Fuß aufmachen nach Allmendshofen zur Tankstelle.

Der Weg dahin führt am Bahnhof Donaueschingen vorbei, und dort bemerkte ich erstmals eine Tafel, die mir bis dahin, beim Vorbeifahren mit dem Auto, nicht wirklich aufgefallen war.

Neben einem Stadtplan gibt es dort Hinweise auf Wanderwege im Schwarzwald und auch einen Wegweiser nach Santiago de Compostela, 2010 Kilometer, über Allmendshofen, 2 Kilometer.

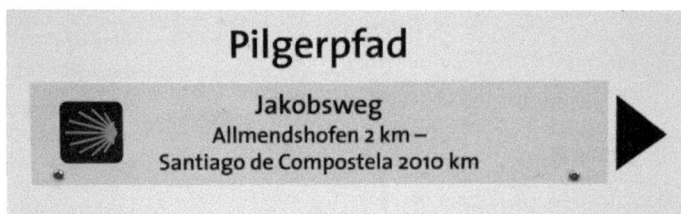

OK, nett, was sind da schon die zwei Kilometer zur Tankstelle!

Der weitere Tabakkauf verlief unspektakulär und erfolgreich, aber eh, Leute: Ich bin den Jakobsweg gelaufen! Zwei Kilometer! Und das hin und zurück, wie im Mittelalter!

Ich habe diese Story dann natürlich auch stolz erzählt. In der Familie, bei Freunden, bei meinen Kollegen im Stadtrat. Erzählt heißt: Ich habe gesagt, ich sei den Jakobsweg gelaufen, um erst bei Nachfragen das mit den zwei Kilometern zuzugeben.

Dann kam das erste Buch. Kein Hape Kerkeling und auch keine Shirley MacLaine und kein Paulo Coelho.

Ich lese in meiner Freizeit gerne was Leichtes oder was mit Verschwörungen; Petersdom mit Antimaterie zerlegen und so Sachen. Also griff ich zu, als ich im Supermarkt vor der Kasse das Buch „Tod auf dem Jakobsweg"[1] von Petra Oelker entdeckte. „Ein uralter Pilgerpfad. Eine Gruppe von Wanderern. Ein tödliches Geheimnis." Genau der Klappentext, der mich anspricht. Und es ist tatsächlich eine spannende Geschichte, auch wenn die Autorin viel mit dem Bus fährt und nur einige spektakuläre Etappen zu Fuß geht. Darunter die erste auf dem Camino Frances, von Saint Jean Pied de Port nach Roncesvalles, von Frankreich über die Pyrenäen nach Spanien.

Die hat es in sich. 25 Kilometer, von 160 Höhenmetern rauf auf 1430 und wieder runter auf 960 Meter. Also eigentlich nichts als Einstieg für eine mit

---

[1] **Tod auf dem Jakobsweg**, Petra Oelker, Rohwolt Verlag Hamburg 2007

dem Bus angereiste Gruppe ungeübter und wohl auch älterer Pilger oder Wanderer aus eher flachen deutschen Gefilden, aus großstädtischem Umfeld ohne Erfahrung mit den im Outback vorherrschenden Problemen der Nahrungsbeschaffung und so weiter.

Petra Oelker bzw. ihre Protagonistin Leo braucht acht Seiten in ihrem Buch, um sieben Stunden Laufen in Nebel und Regen zu beschreiben, und dann ist sie noch nicht am Ziel, sondern wohl kurz vor der Passhöhe, als ein Mitglied ihrer Gruppe einen Felsabhang hinunterstürzt. Die Geschichte geht erst nach dem Abendessen im Hotel in Burguete weiter; schade, als Unfallarzt hätte mich das Dazwischen schon interessiert!

Dann kam Hape Kerkeling[2]. Der war seinerzeit mit seinem Buch unter den Bestsellern, also Pflichtlektüre, ich habe ihn mir zu Weihnachten geschenkt. Auch er beschreibt die Etappe über die Pyrenäen, allerdings gibt es bei ihm dort und auch im weiteren Verlauf keinen Mord (warum ist das Buch trotzdem erfolgreicher?), aber langweilig wird´s weder für Autor noch Leser.

Man kann sich richtig schön vorstellen, mit welcher Mühe er den Berg hochklettert, es ist äußerst sympathisch, zu lesen wie er sich durchnässt und erschöpft eine ebenso nasse Zigarette anzündet und es ist schließlich sehr vergnüglich mitzuerleben, wie er mit einem französischen Bauern und dessen kotzenden Ziegen im Auto den Jakob erstmals bescheißt. Es ist leicht verständlich, dass ihm beim Abstieg nach Roncesvalles die Knie schmerzen. Na ja, dafür hätte ich natürlich die entsprechenden Spritzen gehabt, aber wer nicht fragt wird auch nicht geheilt.

Hapes Sorgen um seine Ernährung kann ich gut nachvollziehen, tröstlich ist, dass er irgendwann doch noch ein kräftiges Frühstück mit Spiegeleiern gefunden hat.

Diese beiden unterschiedlichen Beschreibungen des gleichen Wegs haben es mir angetan. Mir war ziemlich schnell klar: Das will ich auch mal machen, das schaffe ich sicher auch und ich bin mal gespannt, wie es dort wirklich aussieht.

Meine Motivation, mich an den Jakobsweg heranzumachen war also keine religiöse, eher eine- tja, wie nennt man das, eine banale? Ich bin zwar von

---

[2] **Ich bin dann mal weg**, Hape Kerkeling, Piper Verlag München 2006

Taufe an evangelisch, ich war sogar mal in der christlichen Jugendarbeit aktiv, aber im Laufe der Zeit habe ich mich vom aktiven Gemeindeleben aus verschiedenen Gründen abgewendet. Vielleicht schreibe ich dazu im Lauf des Weges nochmal was.

Wenn ich mal was zu Glaubensfragen gesagt habe, dann Ideen wie „der katholischen Marienverehrung sollte man mal einen sauberen Josefskult entgegenstellen", aber seriöse Inhalte waren nicht mein Ding.

Und wegen der Vergebung meiner Sünden müsste ich den Jakobsweg als evangelischer Christ ja sowieso nicht gehen. Aber die katholischen Schwestern und Brüder doch auch nicht, oder?

Es gibt doch immer eine vollständige Vergebung, wenn man an Ostern oder Weihnachten den Papst-Segen „Urbi et orbi" hört, und sei es nur im Radio? Und für Donaueschinger gibt es noch eine andere, etwas kompliziertere aber todsichere, äh… sichere Methode, ihre Sünden schnell und vor Ort loszuwerden, aber das verrate ich erst hinter Pamplona.

Fehlt dann erst mal noch ein Pilgerausweis, den schickt mir die Badische St. Jakobusgesellschaft aus Breisach. Den ersten Stempel bekomme ich ganz weltlich von unserem Oberbürgermeister, ich lasse ihn aber in das zweite Feld stempeln. Das erste Feld reserviere ich für den katholischen Stadtpfarrer, den ich bei einem Schlossempfang bei unseren Fürsten angesprochen habe und der mir sogar noch ein persönliches Empfehlungsschreiben mitgegeben hat.

„Michael Klotzbücher befindet sich auf einer Pilgerreise nach Santiago de Compostela. –Ich empfehle ihn Ihrer Obhut", und das Gleiche nochmal auf Französisch, schön mit Briefkopf der Donaueschinger Pfarrei.

Das habe ich auf meinem Weg nie gebraucht, aber eine nette Geste von ihm war es.

Ich muss ihm ein Exemplar meines Buchs nach Rom schicken, dort ist er inzwischen Rektor des Campo Santo Teutonico, also nicht Chef des Friedhofes, sondern des Collegio Teutonico di Santa Maria in Campo Santo, des deutschen Priesterseminars. Ich hoffe, das ist so korrekt.

*Irgendwo hinter diesen Bergen liegt Santiago- oder?*

## 2 Südbaden

Meine politische Tätigkeit brachte es mit sich, dass ich immer mal wieder zu Sitzungen nach Stuttgart, in unsere Landeshauptstadt, reisen durfte. Solche Termine waren manchmal wirklich interessant, gelegentlich aber auch anstrengend bis ätzend. Als es mal wieder besonders nervig war, ich weiß noch, wer gesprochen hat, aber ich verrate es nicht, bin ich nichts wie raus und in die nächste Buchhandlung. Reiseführer[3] und Spanischkurs kaufen. Damit konnte ich mir dann die restliche Sitzung sinnvoll gestalten. Die Idee wurde einen wichtigen Schritt konkreter.

Der nächste Schritt: Ausrüstung. Ich brauche einen Rucksack und neue Wanderstiefel. Der Rucksack kommt aus Langenau, und Stiefel gib es im Sportgeschäft in Hüfingen.

Jetzt sollte ich wohl noch ein bisschen trainieren und die Stiefel einlaufen. Die Zeiten, wo ich mit dem Fahrrad morgens um halb sechs von Kirchzarten das Höllental 440 Meter hoch und 27 Kilometer weit nach Neustadt zur Arbeit gefahren bin, sind ein paar Jahre her.

Der erste Versuch führt mich von Schwenningen nach Donaueschingen. Das ist eine kleine Nachmittagstour und wie sich herausstellt eine sehr passende: Der Weg führt über die Hochebene der Baar, es regnet und es hat Gegenwind, teilweise läuft man an der Straße entlang, zum größten Teil auf Asphalt. Es ist tatsächlich ein Jakobsweg!

Es gibt hier mehr gelbe Pfeile und Jakobsmuscheln als in den Pyrenäen. Vermute ich mal, die Pyrenäen kenne ich ja noch nicht. Aber es stimmt, wie sich später herausstellt. Dafür genauso wenige Verpflegungsmöglichkeiten. Aber die dreieinhalb Stunden halte ich durch, die Stiefel auch, und es bleibt eine leichte, eher angenehme Erschöpfung.

---

[3] **Der Jakobsweg**, Joan Fiol Boada, Hampp Verlag Stuttgart 2007

Ein Jakobsweg auf der Baar? Von Schwenningen nach Donaueschingen? Na klar, das weiß ich doch von dem Wegweiser am Bahnhof in Donaueschingen. Es gibt in Südbaden noch eine ganze Menge mehr davon. Neu auch einen von Mistelbrunn nach Hüfingen.

Also es ist kein neuer Weg, den gibt es schon lange, aber jetzt heißt er Jakobsweg. Vielleicht sogar mit Recht, denn in Hüfingen gibt es eine Jakobskirche, wie auch in Donaueschingen-Allmendshofen.

*St. Jakob Allmendshofen*

Die Strecke ist etwa elf Kilometer lang, die Einweihung durch den Landrat und den Kreistag dauert einen ganzen Tag. Gottesdienst am Start und am Ziel, Andacht in der Mitte. Hochgerechnet bis Santiago bedeutet das: die Leute sind noch 182 Tage unterwegs.

Oder auch länger, denn Santiago liegt von Mistelbrunn aus eher im Westen, Hüfingen aber im Osten, aber warum auch nicht mal andersrum nach Santiago pilgern?

Aber ich will nicht lästern. Die Aufgaben einer Kreisverwaltung und eines Kreistags sind überschaubar, eher unspektakulär und mit nur wenig

Spaßfaktor behaftet. Müll abführen, Stütze verteilen, Straßen flicken. Da ist ein bisschen Wege markieren und einweihen eine verdiente Abwechslung, vor allem eine wirtschafts- und nachbarschaftspolitisch unschädliche, besser als Fluglärm im Schwarzwald bekämpfen, aber daran will ich jetzt nicht denken.

Wäre ich noch im Gemeinderat und ginge es mal wieder um die teure Sanierung von Feldwegen, dann würde ich fragen, ob man den betreffenden Abschnitt nicht als Jakobsweg ausweisen und saubere EU-Zuschüsse ergattern kann.

Es gibt auch eine Fortsetzung von Hüfingen über Löffingen nach Freiburg und weiter nach Weil am Rhein, neu markiert und perfekt beschildert, den Himmelreich-Jakobusweg, auch den bin ich gegangen, bis nach Freiburg, aber da war er noch nicht so perfekt ausgeschildert.

*Infotafel bei Dittishausen*
*Donaueschingen liegt unter dem „ob" von Jakobus*

Perfekt, wenn man kapiert hat, dass die Position der Jakobsmuschel als Pfeil gemeint ist. Immer entgegengesetzt zu den Strahlen laufen. Also bei der Muschel auf der Infotafel oben links nach rechts. Vorsicht in Spanien, da funktioniert dieses System nicht! Und nicht meckern bei dem wirklich lästigen Abstieg von der Jugendherberge in Neustadt zur Kirche, steil, lang und gepflastert, lieber die Zeit damit vertreiben, Rechtschreibfehler bei

Straßennamen zu zählen. Davon gibt es hier einen ganzen Haufen, in allen Variationen. Außerdem würde ich natürlich ab Freiburg nicht Richtung Süden nach Weil am Rhein laufen, sondern westwärts durch die Burgundische Pforte Richtung Belfort.

*Andreas Willmann*
*Denkmal am Bahnhof Donaueschingen*

Es gibt in Südbaden auch noch ganz andere interessante Wege. In Donaueschingen wurde am Bahnhof (auf der Penny-Seite, nicht auf der Netto-Seite) der Andreas-Willmann-Platz eingerichtet, eine Erinnerung an den aus dem Donaueschinger Teilort Pfohren stammenden führenden badischen Revolutionär von 1848. Ebenso führend wie erfolglos, denn der Revolution gelang es damals nicht, eine größere, eine immer weiter zunehmende Menge von Mitstreitern zu motivieren und zu mobilisieren. Und anders geht's halt nicht.

Aber der Versuch hat die Wege der Revolutionäre hinterlassen, eine interessante südbadische Alternative oder Ergänzung zu den Jakobswegen und dafür viel zu wenig beachtet.

Die Landeszentrale für Politische Bildung hat die Wege 1998 begangen und beschrieben[4] und auch fünfzig Informationstafeln in verschiedenen Gemeinden angebracht[5].

Diese Wege mal zu laufen, mehr Hintergründe zu recherchieren, dabei vielleicht rote Farbe zum Markieren mitnehmen und dann darüber schreiben; die Wege als weltlich- politische Alternative zu den religiösen Wegen vermarkten wäre vielleicht mal was für später. Heute stelle ich mir eine andere Frage.

Wie auch der bekanntere Revolutionär Friedrich Hecker ging Andreas Willmann nach der gescheiterten Revolution in die USA und wurde dort erfolgreich. Er war Gründer der Sparkasse New York, Hecker Viehzüchter und Winzer. Beide hatten schon vor ihrer Auswanderung massive Kritik am deutschen bzw. badischen Volk geübt, mangelnde Revolutionsfähigkeit.

Was aber nicht überliefert ist: Wie dachten die beiden später, in den USA abends am Kamin sitzend, rückblickend über ihr ja extrem engagiertes, lebensgefährliches Engagement für das badische Volk? Ich stelle mir vor irgendwas wie „warum haben wir das gemacht, warum haben wir uns das angetan, warum sind wir nicht gleich ausgewandert? Wir hätten uns viel Ärger erspart bei gleichem Ergebnis".

Noch spannender ist die, natürlich rein spekulative Überlegung, was die beiden über die heute agierenden Nachfolgeorganisationen der Revolution von 1848 denken würden. In meinem bescheidenen Weltbild ist die CDU von heute die Nachfolgerin der damals siegreichen Staatsmacht, die Nachfolger der Revolutionäre teilen sich in Freie Demokraten und Sozialdemokraten.

---

[4] Weg der Revolutionäre, Dr. Angelika Hauser-Hauswirth, Landeszentrale für politische Bildung Baden-Württemberg, Fachreferat Landeskunde, Sophienstraße 28-30, 70178 Stuttgart. Auch online bestellbar: www.lpb-bw.de
[5] Broschüre Informationstafeln, a.a.O.

Was würden sie wohl sagen, wenn sie die heute auf allen Ebenen, ausgenommen vielleicht die der Kommunalpolitik, übliche Machtpolitik mit ansehen müssten?

Hecker und Willmann würden sich im Grab umdrehen. Oder, weil das ja Jeder macht, vielleicht auferstehen und draufhauen. Auf Politiker, denen die eigene Karriere unabhängig von Ideen und vielleicht unpopulären Sachentscheidungen das einzig Wichtige ist. Auf Politiker, die ihren Parteifreunden die Freiheit der Gedanken nicht gönnen. Auf bürokratische Parteiorganisationen, die in unsäglicher Arroganz die schwer arbeitende und keine eigenen Interessen verfolgende Basis schikanieren.

Aber sie würden sicher diejenigen loben und zur Emigration einladen, die wie einst Diogenes die Wahrheit hoch und ihren Mitbürgern in´s Gesicht halten, dafür angegriffen werden und trotzdem nicht resignieren.

Das musste mal gesagt werden, und jetzt zurück zum friedlichen Jakob. Obwohl, friedlich war der auch nur zu zwei Dritteln, das bekommen wir später in Lédigos und in Astorga. Sein drittes Drittel ist ziemlich blutrünstig. Freuen sie sich schon mal drauf.

Wirklich viel mehr an Vorbereitungen habe ich nicht gemacht. Ich hatte ja immer nur stundenweise Zeit. Mittwochs, da haben Ärzte nachmittags zu. Warum weiß keiner. Die zutreffendste Erklärung dürfte Dik Browne in seinem Comicstrip „Hägar der Schreckliche" geliefert haben[6].

Der spielt im finsteren Mittelalter unter finsteren Wikingern. In einer Szene steht Hägars Hausarzt Dr. Zook mit einem Holzprügel auf einer Streuobstwiese. Hägar fragt „Was machen sie da, Dr. Zook?" und der antwortet „Ich weiß auch nicht, aber jeden Mittwochnachmittag überkommt mich der Drang, mit diesem Stock auf diese Äpfel einzuschlagen."

Nein, ich spiele nicht Golf und nochmal nein, ich habe auch nicht vor das in naher Zukunft zu tun, falls ihnen jetzt die an dieser Stelle klassische blöde Bemerkung auf der Zunge liegen sollte.

Ein Beispiel aus Südbaden habe ich noch: Wenn sie mal von der Fürsatzhöhe oder, das kennt man vielleicht besser, von Hinterzarten über die

---

[6] http://www.hagardunor.net/. Seit 1973.

Weißtannenhöhe, die dicht mit Fichten und Buchen bewachsen ist, Richtung Pforzheim laufen, dann sind sie auf dem Westweg, allerdings falsch rum. Der Westweg läuft eigentlich von Norden nach Süden, von Pforzheim nach Basel. Die andere Richtung, denke ich, wäre viel schwieriger zu vermarkten. Was klingt besser? Nach Pforzheim laufen oder nach Basel?

Die eigentlich angemessene, weil mit den Pyrenäen vergleichbare Tour, von Freiburg auf den Feldberg und runter nach Sankt Blasien, habe ich nie gemacht.

Dann könnte es eigentlich losgehen, ich könnte eigentlich losgehen. Wäre da nicht Arbeit, Familie, Politik und ein bisschen schlechtes Gewissen. Diesbezüglich beruhigt mich aber mein nächster literarischer Begleiter. Das ist, es war ein Zufallsfund in einer Buchhandlung, Tim Moore[7].

Der beschreibt in seinen ersten Kapiteln, wie er seine Familie überzeugt hat, ihn gehen zu lassen und so darf er dann mit der Ermahnung „Komm bloß nicht komisch zurück! Du weißt schon, nicht dass du auf einmal Tischgebete sprichst…"[8] losziehen.

Na, ich werde es erleben. Trotzdem: Ein bisschen Geld muss noch her, nicht viel für den Weg, aber für den Verdienstausfall in meiner chirurgischen Praxis, denn wenn ich nicht da bin, verdiene ich da auch nichts. Ein ausreichend dickes Familien- und Personalpolster.

Also lese ich erst mal noch ein paar Bücher[9]. Paulo Coelho und Shirley MacLaine gelten als Klassiker, Ulrich Hinse ist mir als Vertreter der Tempelritter und Schatzsucher aufgefallen und Carmen Rohrbach habe ich als E-book gefunden bei der Suche nach „Jakobsweg". Das ist wohl die erste Reisebeschreibung aus neuerer Zeit.

Und so endet Kapitel eins erst mal als Plan, als Traum, aber doch soweit gediehen, dass der Rucksack und der Pilgerpass täglich mahnen: Klotzi, mach´s!

---

[7] **Zwei Esel auf dem Jakobsweg**, Tim Moore, Piper Verlag München 2008
[8] Tim Moore Seite 63
[9] Siehe Quellenverzeichnis vor Kapitel 1

# 3 Saint Jean Pied de Port

So- endlich bin ich auch soweit, den Weg zu beginnen. Ich bin gespannt, wie mein eigener Eindruck der Pyrenäenüberquerung sein wird, verglichen mit Hape Kerkeling und Petra Oelker. Ob ich die Stellen erkenne, wo Hape sich die nasse Zigarette gönnte oder Petra ihr Opfer in den Abgrund werfen oder fallen ließ?

Meine anderen literarischen Wegbegleiter sind hier noch nicht dabei. Ulrich Hinse fängt erst in Pamplona an, mit einem Sturz auf dem Bahnhof, auch schön[10], Tim Moore läuft mit seinem Esel die Straße entlang und Shirley MacLaine... na ja, ich sage mal: die braucht zwar auch sechs Seiten[11], aber da geht es doch eher um hormonelle Probleme von Frauen um die 60 aus esoterischer Sicht. Das besprechen wir später mal, oder auch nicht.

Bleibt noch Paolo Coelho, der braucht im Hörbuch so etwa eineinhalb CDs für die Etappe, aber das nur weil sich sein Held von einem eingeborenen Führer ein paar Tage lang auf der französischen Seite durch den Wald jagen, an der Nase herum und hinter die Fichte führen lässt. Das Ganze der tieferen Erkenntnis wegen, wenn ich das recht verstanden habe. Oder um dem wilden Hund zu entkommen, der gleich in Saint Jean am Start lauert und in Wirklichkeit irgendein Teufel ist[12].

Und Carmen Rohrbach, die braucht 11 Seiten, weil sie bei einer Rast über die Entstehung des Jakobswegs und die Geschichte der Pyrenäen nachliest[13]. Was auch gut ist, denn irgendwann muss das ja mal geschrieben werden, und ich kann mir die Wiederholung sparen.

Immerhin entdeckt sie auf dieser Etappe einen Roten Milan, einen Bussard, eine Rötelmaus, einen Bartgeier, viele Geier, natürlich Pferde und Ziegen und am Schluss im Buchenwald vor Roncesvalles eine wilde Kuh. Das sind für Carmen Rohrbach eher wenig Vögel, auf den nächsten paar Etappen kommen noch jeweils ein oder mehrere Dohlen, Elstern, Gelbspötter, Goldammern, Hausrotschwänze, Kolkraben, Kuckucks, Mauersegler, Mönchsgrasmücken, Nachtigallen, Ortolane (kenne ich auch nicht), Pirole,

---

[10] Ulrich Hinse Seite 7
[11] Shirley MacLaine Seite 37 ff
[12] Paulo Coelho Seite 23ff
[13] Carmen Rohrbach Seite 14 ff

Rohrammern, Schwarzkehlchen, Steinschmätzer, Stieglitze, Störche, Teichhühner, Wiedehopfe und Ziegenmelker dazu. Eine nette Art der Wegbetrachtung, vor allem im Vergleich zum esoterischen Sinnsuchen oder gar zum mittelalterlichen Schlachtengetümmel.

Die Wegbeschreibung bei ihr ist auch sonst anders als die übrigen, schon weil es zu ihrer Zeit in den 80-er Jahren des vorigen Jahrhunderts noch keine wirklichen Wege oder gar gelbe Pfeile als Markierung gab. Herbergen sind bei ihr auch Mangelware, später ist der Anstieg zum Alto del Perdón zugewachsen und es gibt keinen Brunnen in Zariquiegui.

Es sollen über 40 Kilometer gewesen sein bis Roncesvalles[14], was mir spanisch vorkommt, ich vermute einen Druckfehler, aber Carmen Rohrbach sagt „Es hat sich aber so angefühlt"[15]. Plausibel wären die 40 Kilometer bei Paulo Coelho mit seiner Sinnsuche und seinem Prüfungsmasochismus auf Umwegen oder Abwegen.

Eine sympathische Erschöpfung schildert Carmen Rohrbach oben auf dem Pass dann auch, das wundert mich bei ihr, ist sie doch ansonsten extrem fit, ist früher mal über die Ostsee geschwommen, nicht als Training, sondern als Flucht aus der DDR, der Deutschen Demokratischen Republik, an deren geschlossene Grenzen wir uns ja alle noch gut erinnern, oder?

Sie schläft im Freien, und so weiter. Ihre durchaus dramatische Geschichte der Flucht erwähnt sie nur am Rande, die sicher ebenso dramatische Zeit der Haft in der DDR danach überhaupt nicht[16].

Na gut, dann schauen wir mal!

Erst mal geht es hinauf in die Altstadt-, sorry natürlich in die malerische Altstadt, zum Pilgerbüro. Die erkennen mich, warum auch immer, als Deutschen und sprechen auch so mit mir. Es gibt den Stempel Nummer drei in

---

[14] Carmen Rohrbach Seite 21
[15] Carmen Rohrbach, persönliche Mitteilung, September 2014
[16] Carmen Rohrbach Seite 121

den Pilgerausweis, den eigentlichen Start-Stempel. Dazu gibt es einen Zettel mit den Höhenprofilen der Tagesetappen bis Santiago.

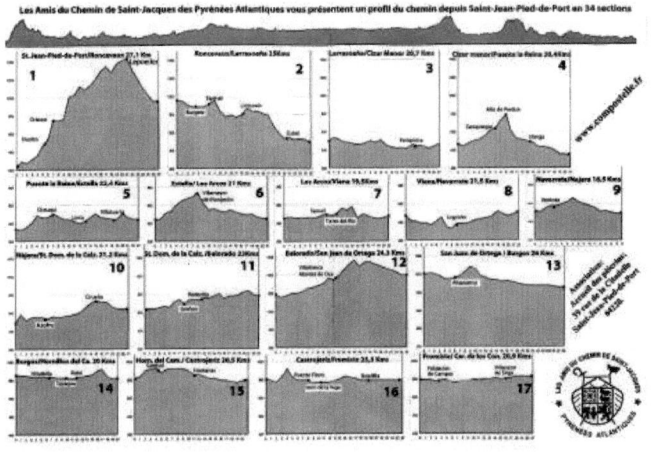

Sch…, das fängt ja wirklich gut an, das muss ja ein extrem steiler Anstieg sein!

Wieder hinunter durch die wirklich malerische Altstadt, noch etwas Zeit mit Frühstück verplempert, versucht die geschlossene Kirche anzuschauen. Es ist die erste geschlossene Kirche, aber bei weitem nicht die letzte, das wird noch **der** running Gag.

Der Fluss, gestern noch ein harmloses Rinnsal, ist nach einem schweren Gewitter in der Nacht ein reißender Strom, aber die Brücke hat schon mehr überstanden. Es geht vorbei an der Stelle, an der Hape seine vorerst letzte trockene Zigarette geraucht hat und wo heute weder Hund noch Teufel lauern. Es regnet auch nicht, nur die Wolken hängen tief. Sehr tief. Dafür ist der Weg anfangs nicht so steil, wie ich mir das vorgestellt habe.

Ich habe wohl doch den Vorteil, aus einer Gegend zu kommen, wo es nicht viel flaches –landschaftlich gemeint- gibt. Der Weg ist nicht steiler als eine durchschnittliche Schwarzwälder Ortsverbindung, also kein Problem. Bis jetzt.

*Saint Jean Pied de Port*

Es sind außer mir noch einige –wenige- typische Pilger unterwegs; ich meine, ich nenne die Leute mit Rucksack, die in die gleiche Richtung laufen mal so, ich habe ja noch keine wirkliche Vorstellung von einem nicht zwischen Buchdeckeln oder CD-Hüllen lebenden Pilger. Jedenfalls haben alle moderne Rucksäcke, die meisten Teleskopstöcke, keiner einen pilgermäßig korrekten Holzknüppel, fast alle Riesenmuscheln um den Hals oder am Rucksack. Die gibt es in der malerischen Altstadt zu kaufen, das habe ich vergessen. Und es ist jetzt schon deutlich nach zehn Uhr, wahrscheinlich sind die Pilgermassen schon auf dem Pass. Oder gar schon beim Früh-Check-in an der nächsten Herberge.

Der Weg windet sich zwischen Wiesen und Weiden den Berg hoch, es sieht aus wie im Schwarzwald oder im Allgäu, einzelne Bauernhöfe, aber keine Weißbierstände, und wenn man sich umdreht, Ausblicke auf Saint Jean, weiter nicht, da hängen die Wolken. Die Blicke zurück zeigen auch: ich bin inzwischen ziemlich allein unterwegs.

Es gibt da oben noch zwei Herbergen, die einzige Chance die Etappe abzukürzen, wenn man rechtzeitig bucht oder riskiert im Freien schlafen oder zurückgehen zu müssen. Und es gibt einen besonders schönen letzten Ausblick auf Frankreich, sogar mit Erklärungen. Wenn es nicht neblig ist.

*Panoramatafel über Saint Jean*

Einen ähnlich enttäuschenden Ausblick hatte ich mal in Japan, beim Besuch unserer Partnerstadt Kaminoyama, ich war Mitglied der Delegation, welche die Partnerschaftsurkunde unterzeichnet hat. Dort gibt es im Zao-Gebirge einen Vulkan, da kann man von oben reinschauen. Das muss sehr eindrucksvoll sein. Wenn es nicht neblig ist. Bei meinem Besuch war es neblig.

Ich bin jetzt ungefähr zwei Stunden unterwegs und komme so langsam in die Wolken. Und bin nicht mehr nur ziemlich allein, sondern ganz, und das bleibt die nächsten zwei Stunden auch so. Dann überholt mich, es muss etwa da sein, wo Hape Kerkeling in das Auto mit den kotzenden Ziegen gestiegen ist, ein älterer Land Rover, kommt nach zehn Minuten zurück, hält an, Fahrer steigt aus: „Bon jour, avez vous vu des vaches?". Nein, ich habe keine Kühe gesehen, jedenfalls keine lebendigen, Skelettteile neben dem Weg schon, und auch schon lange keine Menschen mehr, aber davon immerhin auch keine Skelette. Das kann ich dem freundlichen Eingeborenen auch auf Französisch vermitteln, er bedankt sich und braust davon. Ich bin also noch in Frankreich. Gut, das habe ich eigentlich auch noch nicht anders erwartet.

Vorübergehend wird es etwas heller, aber viel mehr zu sehen ist trotzdem nicht. Dass ich seit Stunden auf Asphalt laufe, habe ich auch im Nebel gemerkt.

Laufen auf Asphalt. In Baden gibt es neue Kriterien für Wanderwege. Für eine „Paradiestour" gelten demnach folgende Kriterien:

„Der Weg muss auf mindestens 35 Prozent der Strecke auf naturnahem Untergrund verlaufen, sollte nicht mehr als 20 Prozent Asphalt-/Pflasterstrecke aufweisen (absolute Grenze 30 Prozent) und die Wanderer höchstens 300 Meter am Stück auf einer befahrenen Straße entlangführen. Mindestens alle vier Kilometer sollte sich die Landschaft ändern (etwa von Siedlung in Wald oder Wiesenland) und mindestens alle zwei Kilometer soll die Tour mit einer Natur- oder Kulturattraktion aufwarten. Die gesamte Strecke muss nutzerfreundlich und gut sichtbar markiert sein. Es muss für die Wanderer unmöglich sein, sich zu verlaufen"[17].

---

[17] Hans-Georg Sievers, Planungsbüro für Wandertourismus in Emmendingen, zitiert aus Südkurier, Ausgabe DNE Nr. 47 vom 26.2.2014, Seite 27

Na priml, würde Kluftinger[18] sagen. Von Wirtshaus alle mindestens drei Kilometer steht nichts da.

Der Jakobsweg, soviel steht fest, verstößt schon jetzt eklatant gegen diese Kriterien. Und ist trotzdem optimal vermarktet!

Nach fünf Stunden Gehzeit, so nachmittags gegen drei, bekomme ich mehr und mehr das Gefühl: Jetzt sollte mal irgendwas passieren. Mein Wunsch wird erfüllt. Ein PKW überholt mich, hält 300 Meter vor mir am Straßenrand an, spuckt eine wandermäßig aufgemachte Familie aus. Die Stelle ist nicht zufällig gewählt: Hier weist ein Schild rechts von der Straße weg, über ein Wiesengelände hinauf zu einem Wäldchen. Nach Ronceveaux soll es da gehen. Passt.

Das ist bisher der einzige Punkt, an dem man sich verlaufen kann. Im Nebel, oder wenn man mit geschlossenen Augen am Meditieren ist. Die

---

[18] Kluftinger oder Klufti, Vorname bis dato unbekannt. Romanfigur von Michael Kobr und Volker Klüpfel. [Lesenswerter Kriminaler aus Kempten im Allgäu. Wahrscheinlich mir nicht ganz unähnlich, aber das nur nebenbei.] 2003 – 2009 Piper-Verlag München, seit 2011 Verlag Droemer-Knaur.

französische Familie will nur zur Rolandsquelle, und dann zurück, nichts mit Pilgern, einfach so.

Am Wald angelangt wird der Weg eben, ja, Steigung vorbei und führt als Wanderpfad durch Laubwald weiter. Rechts gibt es eine Höhle im Fels, das sieht gut aus für ein Notbiwak. Das brauche ich jetzt aber nicht, also merken für ein nächstes Mal, oder eher in die Schublade für unnützes Wissen. Dann kommt eine benutzte Feuerstelle, und dort mache ich Rast. Schließlich habe ich seit dem Frühstück nichts gegessen, oder jedenfalls nichts darüber geschrieben, also habe ich Hunger.

Das ist auch die passende Gelegenheit für ein Vorhaben, das ich mit auf den Weg genommen habe. Einer meiner Söhne hat sich mit 23 Jahren das Leben genommen, am Bahngleis in Weiterstadt. „Ich bin schon seit Längerem mit mir unzufrieden", hat er geschrieben. Beim Aufräumen seiner Wohnung habe ich eine Bundeswehr-Tagesverpflegung gefunden und mitgenommen. Ich will sie auf dem Weg im Gedenken an ihn verspeisen, Haltbarkeitsdatum egal. Ich habe auch noch einen Schotterstein vom Bahngleis dabei, den müsste ich korrekterweise am Cruz de Ferro ablegen, aber soweit werde ich auf meiner Tour diesmal nicht kommen. Dafür suche ich einen anderen guten Platz.

Rechts geht es übrigens steil bergab. Das muss also die Stelle sein, wo der arme Benedikt Petra Oelkers den Hang hinunter gefallen wurde. Zu sehen ist davon allerdings nichts mehr, aber ich beuge mich auch nicht zu weit vor.

Ich bin nämlich nicht schwindelfrei. Nicht mehr schwindelfrei. Warum auch immer. Vor 30 Jahren bin ich noch auf den schiefen Turm von Pisa gestiegen (ohne Geländer, auf der einen Seite ganz schön schräg, inzwischen glaube ich aber gesperrt) und auch in Florenz auf die Brunelleschi-Kuppel des Doms. Heute macht mir ein Balkon im ersten Stock schon Probleme.

Gestärkt von der warmen Bundeswehr-Pampe- nein, das kann man so nicht sagen, es war schmackhaft, Hackfleisch mit Reis an Tomate, glaube ich mich zu erinnern. Mein Sohn war nämlich bei der Deutsch-Französischen Brigade, und man sagt, die hätten wegen Rücksicht auf französische Gaumeninteressen ein besseres Catering als die rein deutschen Verbände.

Danach ist der Anstieg zum Col de Bentartea nicht mehr weit und auch nicht steil. Bald sind dann auch die Rolandsquelle und die Grenze zu Spanien beziehungsweise zum Baskenland, kenntlich durch einen Grenzstein, erreicht und überschritten, was erst mal mit keiner spektakulären Änderung von Landschaft und Wetter verbunden ist.

Auffallend ist aber die Qualität der Markierungen und der Beschilderung. Es gibt eine Abzweigung nach links irgendwohin (Mittelmeer?), die Wegweiser nach vorne, hinten und nach links nennen nicht nur Ortsnamen und Entfernungen, sondern machen auch Angaben zum Höhenprofil, wie viel rauf und runter und wieder rauf.

Das wäre doch auch noch ein Kriterium für die Schwarzwälder Paradieswege! Jetzt ist es nämlich so, dass man z.B. am Raimartihof liest, dass es zum Feldberg 4,5 Kilometer seien, was sicher stimmt, aber den Anstieg von 368 Höhenmetern unterschlägt. Für den ungeübten Wanderer ein massiver Unterschied bezüglich der Gehzeit, da ist es aus mit dem Standard von einem Kilometer in zwölf Minuten, da kann man sich mit seiner Zeitplanung granatenmäßig verhauen!

Außerdem gibt es alle paar Meter hölzerne Säulen mit Nummern, so dass man sich im Nebel von Säule zu Säule hangeln kann. Die Behörden scheinen hier mit großer Verlauf-Gefahr zu rechnen, oder vielleicht hat auch nur niemand Lust, verlorene Pilger zu suchen.

Dazu fällt mir die Geschichte eines Freundes ein, der mal im Winter mit Eingeborenen in Altglashütten am Feldberg im Schwarzwald gewettet hat, dass er jetzt, nachts, nach ausgiebigen Genuss alkoholischer Getränke, im Schnee, kein gespurter Weg, im Dunkeln und bei Kälte auf den Feldberg läuft. Ein paar Kilometer Strecke und so 200 Höhenmeter. Hat er auch gemacht, oben auch noch eine geöffnete Bar gefunden, aber dann in den Morgenstunden keine Straßenbahn zum zurück fahren, es gibt auch tagsüber keine, und auch kein Taxi.

Er hat dann die Polizei gerufen und die gebeten, ihn zurück nach Altglashütten zu fahren. Als er bemerkte, dass sich die Gesichtsfarbe oder erst mal der Ton der Ordnungshüter bedrohlich rötete hat er gesagt: "Es ist doch einfacher und besser für euch ihr fahrt mich jetzt runter, als ihr müsst mich später zu Fuß im Wald suchen, oder?" Und die freundlichen Helfer haben es gemacht. Es geht viel, wenn man sauber argumentiert!


Es gibt hier auf dem Höhepunkt der Pyrenäen eine massive Schutzhütte mit Feuerstelle, Holzvorrat, zwei Liegen mit Decken und an der Wand eine mehrsprachige Anleitung zum Telefonieren, also eine Handynummer. Mit Landesvorwahl, an alles gedacht. Es gibt auch einen Feldweg, der bei der Hütte endet, also wirklich an alles, auch an die Zufahrt für Rettungsfahrzeuge. Aus der Handynummer schließe ich, dass diese betonierte Rettungsinsel aus neuerer Zeit stammt. Im Mittelalter kam es wahrscheinlich nicht so drauf an, dass alle durchkamen. Obwohl... jetzt gibt es ja viel mehr Pilger, und für alle ist sowieso kein Platz in der Herberge...

Eigentlich kann es nicht sein, aber denke ich so bescheuert, weil der Sauerstoff knapp wird? Shirley hatte das Problem schon auf 800 Metern! Und ihr Denken hat sich bei Erreichen niedrigerer Gefilde nicht wieder normalisiert!

An die vier Kilometer zum Col de Lepoeder mit noch mal 90 Metern Anstieg kann ich mich nicht erinnern, es war wohl eher unspektakulär, getragen von dem Gefühl, das Meiste geschafft zu haben.

*Links Frankreich, rechts Baskenland.*

Aber dann kommt ja noch der Abstieg nach Roncesvalles durch einen Buchenwald. Dieser Wald kommt bei niemand der von mir gelesenen Autoren wirklich gut weg. „Seltsam" ist noch eine nette Beschreibung. Also: Es ist halt ein Buchenwald, so wie man das zum Beispiel auch vom Buchberg in Blumberg im Südschwarzwald kennt. Abgefallenes Laub auf dem Boden, bei Feuchtigkeit rutschig, ist nach meiner Einschätzung das entscheidende Kriterium für eine negative Bewertung solcher Wälder, vor allem dann wenn es bergab geht. Oder steil und bergab. Beides ist hier der Fall, ich hätte es ja wissen müssen.

Außerdem merke ich jetzt bei der Umstellung von Anstiegs- auf Abstiegsmodus, was eine ganz andere Art der Belastung darstellt, dass meine Knie schmerzen. Das fühlt sich etwas komisch an, habe ich doch den größten Teil meines Berufslebens damit verbracht, Menschen zu behandeln, deren Knie schmerzen. Aber bei mir muss es jetzt mehr die Muskulatur sein, die zum Bremsen aufgefordert ist und nicht die Arthrose, oder?

Es wird Zeit aufzurüsten. Mit Teleskopstöcken. Die habe ich früher erst abgelehnt, dann verspottet und mal dem baden-württembergischen Wirtschaftsminister davon abgeraten, beim Tourismus-Schnupperangebot in Hinterzarten die Einführung „Nordic Walking" zu machen, damit in der Zeitung nicht steht er ginge am Stock. Dann habe ich mir sicherheitshalber doch welche gekauft, also richtige Teleskopstöcke und kleine Nordic-Walking-Stängel, und an den Rucksack geschnallt, obwohl ich nie verstanden habe, wie der Mechanismus zum Stöcke-an-den-Rucksack-schnallen richtig funktioniert. Vielleicht gibt es ja auch keinen, die Hersteller meinen, Stöcke gehören in die Hand und nicht auf den Rücken.

Stöcke in der Hand haben allerdings gravierende Nachteile, die von den Verkäufern gerne verschwiegen werden. Man kann zum Beispiel nicht die Hände in die Hosentasche stecken, wenn die Finger abzufrieren drohen. Aber dieses Problem bekomme ich erst später, also weiß ich davon hier noch nichts. Man kann nicht mit seiner Begleitung Händchen halten. Nun, das spielt für mich hier keine Rolle, aber wird das Problem gesellschaftlich nicht unterschätzt? Die fehlende menschliche Nähe nur wegen ein bisschen Trittsicherheit? Oder: Man kann auch keine Pfeife rauchen wenn man Stöcke hält, dann braucht man eine Hand für die Pfeife und die andere für den Pfeifenstopfer.

Ja, es ist richtig, ich gebe es ja zu: Man kann auch nicht mit einer Begleitung Händchen halten während man eine Pfeife raucht. Jedenfalls nicht ohne rauchtechnisch bedingte Unterbrechungen. Die Logik nicht nur des Jakobswegs.

Es wird jetzt definitiv Zeit runter zum Sauerstoff zu kommen. Ich mache es kurz: es dauert zwei Stunden und ich leide. Und ohne Stöcke ginge gar nichts mehr.

Plötzlich sehe ich auch wieder einen Menschen. Der läuft vor mir, Smartphone in der Hand, und ärgert sich, dass wegen der dichten Belaubung der GPS-Empfang nicht funktioniert. Er ärgert sich auf Englisch, was ich auch spreche, aber meinen Vorschlag, zum besseren Empfang auf die Buche zu climben, versteht er irgendwie nicht. Es würde auch nicht viel bringen, die Richtung des Wegs ist eindeutig, und an der Rest-Entfernung ändert auch das Wissen um deren Länge nichts.

*Erster Blick auf Roncevalles*

Schließlich erkenne ich Mauern, und das ist mein erster persönlicher Eindruck von Roncesvalles.

Der zweite Eindruck ist der Busparkplatz. Groß und leer. Der dritte Eindruck: den historischen Schlafsaal, auf den ich mich nicht wirklich gefreut habe, den in echt gesehen zu haben mir aber wichtig gewesen wäre, gibt es nicht mehr, beziehungsweise das Gebäude, in dem ich ihn vermute, ist verschlossen.

Dafür gibt es eine neue, hochmoderne Pilgerherberge mit einer Empfangstheke wie im Sinn-Hotel in Donaueschingen, das mittlerweile umbenannt ist, weil Gäste aus dem angelsächsischen Sprachraum den Namen falsch interpretiert haben.

Die erste Frage, die hinter dem Empfangstresen rauskommt, ist die nach der Nationalität mit der Folge des Umschaltens der Herbergssprache zu Deutsch. Dann gibt es einen Fragebogen nach der Motivation für die Reise: religiös, kulturell, sportlich. Schatzsuche ist nicht dabei. Ich nehme kulturell und religiös, das dürfte bei den hier zu vermutenden Hotelbetreiben politisch korrekt sein. Dafür bekomme ich den Stempel in meinen Pilgerpass.

Und dann enttäuschte Blicke, als ich, zum Trotz auf Spanisch, erkläre, dass ich kein Bett und auch keine Dusche brauche, also nicht hier, sondern noch weiter nach Burguete will, trotzdem danke. „Voy a Burguete, pero gracias". „Si, puede hacerlo…", das kann man machen, meint der Tresen und er tut mir fast leid.

Dabei gibt es keinen Mangel an potentiellen Übernachtungsgästen, keine Ahnung, wo die plötzlich alle herkommen. Nein, der Busparkplatz war leer. Wohl doch vor mir hergelaufen und eben einfach schon da.

Ich schaue mir die Kirche an und die sattsam bekannten Kultur- bzw Schlachtendenkmäler und trinke in einer der beiden Kneipen ein Bier, keine cerveza, una caña. Ein Bier vom Fass. In der linken Kneipe war das.

Nach Burguete sind es nur dreieinhalb Kilometer, leicht bergab, ein netter Waldweg weit genug weg von der Straße, vorbei dann an einer massiv gesicherten Polizeistation, Baskenland eben. In Burguete steht rechts an der Straße ein Hotel, in dem schon Ernest Hemingway übernachtet hat und offenbar auch die Reisegruppe von Petra Oelker einmal fröhlich und am nächsten Tag eher betreten im Speisesaal saß. Da gibt es keinen Stempel und keine Andacht, aber ein gutes spanisches Abendessen und dann an der Bar noch mal una caña.

Etappe eins geschafft.

Weil es an der Bar so gemütlich ist, schaue ich mal zurück nach Roncesvalles. Was ist denn aus meinen literarischen Pilger-Vorbildern geworden?

Carmen Rohrbach ist nach viel eindrucksvoll geschilderter Naturbeschreibung und nach einem heute für viele kaum nachvollziehbaren Verhalten, nämlich einen Weg mit Karte und Kompass zu suchen, in Roncesvalles angekommen und hatte ein sehr nettes Gespräch mit einem Priester über die

Geschichte des Camino und über die Bemühungen ihn wieder zu aktivieren und für Pilger attraktiv zu machen. Durch Rekonstruktion des historischen Wegverlaufs und Markierungen mit gelber Farbe[19].

Das mit Karte und Kompass muss ich noch erklären. Also Karten gibt es heute ja auch noch. Und ein Kompass war ein kleines Kästchen mit einer frei drehbaren Nadel drin, die magnetisiert war und deshalb nach Meinung der Wanderer mit der Spitze nach Norden zeigt.

Piloten wissen, dass diese Nadel irgendwo hinzeigt, bloß nie nach Norden. Auch nicht zum magnetischen Nordpol, der ein paar Grad neben dem geographischen liegt und seine Position dauernd verändert. Es gibt viele Ablenkungen durch Metall in der Nähe wie Taschenmesser oder Rucksackschnallen, außerdem durch Beschleunigung, Verzögerung und Seitneigung in Kurven. Aber wenn man als Wanderer zum Messen stehen bleibt, dann geht das schon. Heute kann man sich präziser anders orientieren, auch ohne GPS: Satelittenschüsseln sind immer nach Süden ausgerichtet, genauer gesagt auf 192°. Und wenn die Sonne scheint und man eine analoge Armbanduhr hat, außerdem die korrekte Ortszeit und nicht die Sommerzeit, dann geht auch das: kleiner Zeiger auf die Sonne ausrichten, die Mitte zwischen kleinem Zeiger und 12 ist Süden. Gegenüber ist Norden. Das funktioniert auch in Spanien, obwohl es hier ein Problem mit der Ortszeit gibt, aber das kriegen wir später.

Shirley MacLaine hat die gleiche Etappe in 20 Kilometern geschafft und steht dann vor allem vor der Frage, ob sie einen jungen Spanier mit in´s Bett nehmen soll, also der würde schon gern, aber es wird nichts, dauert aber zwei Seiten. Und es scheitert nicht daran, dass sie zu müde wäre[20].

Hape Kerkeling hat sich mit schmerzenden Knien in ein Hotel verzogen, nachdem er eine Auseinandersetzung mit dem Herbergstresen hatte, die ein bisschen an meine erinnert, aber wohl noch ergreifender war[21].

Paulo Coelho ist, siehe oben, noch auf der französischen Seite der Pyrenäen festgehalten mit irgendwelchen Prüfungen, die mit der Beschaffenheit des Weges nichts zu tun haben.

---

[19] Carmen Rohrbach Seite 26 ff
[20] Shirley MacLaine Seite 26
[21] Hape Kerkeling, Seite 31

Petra Oelker ist vom Unfall- oder Verbrechensort auch irgendwie angekommen, hier im Hotel, wo sie mit ihrer Gruppe ja schon die Nacht zuvor war, bevor sie dann morgens mit dem Bus nach Saint Jean zum Pilgern gekarrt wurde. Wobei ein Teil ihrer Gruppe gleich in Burguete geblieben und ein anderer zwar nach Saint Jean mitgefahren war, dann aber doch nicht gepilgert ist.

Nachtigall, die hätten doch mit einem Auto dahin fahren können, wo ich meine französischen Wanderer getroffen habe, also kurz vor dem Tatort? Aber das wird natürlich nicht verraten.

Tim Moore ist ein Thema für sich.

Er ist ja mit einem Lasttier unterwegs, einem Esel. Der zweite Esel aus dem Titel ist er offenbar selber. Und seine Art zu schreiben ist so extrem witzig und unterhaltsam, dass ich mich mit Zitieren sehr zurückhalten werde.

Er schreibt nämlich so, wie ich das gerne könnte, und da wird Zitieren gefährlich. Ein Beispiel? „Ich kannte Pilger nur aus Kirchenliedern oder Monty-Python-Filmen"[22]. Oder: „Einundsechzig Prozent der Amerikaner vertreten die Auffassung „Das Leben hat nur deshalb einen Sinn, weil es Gott gibt". In England bekämen sie eine solche Prozentzahl höchstens zusammen, wenn sie „Gott" durch „Alkoholgärung" ersetzen würden""[23].

Verstehen Sie, was ich meine? Wenn ich meinen eigenen Stil finden will, ohne in den Verdacht zu geraten, bei Tim Moore abzuschreiben, muss ich mich bei ihm weitgehend auf das Zitieren nackter Fakten beschränken. Und das heißt heute: Er hat wegen seines Esels einen anderen Weg gewählt, und von dem musste er auch abweichen, weil Shinto, so heißt sein Lasttier, keine Brücken mag, was bei der in den Bergen doch signifikanten Zahl von Bächen irgendwie blöd ist.

Aber er kommt schließlich über die Straße, die auch Busse, Autos, Radfahrer und Mountainbiker nehmen in Roncesvalles an.

Dort ist man auf Esel eingestellt, und er bekommt nicht nur einen Platz im alten Schlafsaal, sondern daneben auch eine Wiese für Shinto zugeteilt. Und träumt von allen Eselverkäufern, die er je kannte, mit Hinweis auf Shirley

---

[22] Tim Moore, Seite 7
[23] Tim Moore, Seite 10

MacLaine, die von allen Männern träumte, die sie je kannte[24]. Aber so viele Eselverkäufer waren das doch gar nicht, oder?

Ach ja, Ulrich Hinse ist noch in Meckpomm beim Fahrkartenkauf.

Na was soll´s. Na bueno.

Ich träume, dass es morgen regnet.

[24] Tim Moore Seite 82

# 4 Burguete

Am nächsten Morgen regnet es tatsächlich. Der Blick aus dem Fenster geht nach Osten Richtung Roncesvalles und Pyrenäen, und dort regnet es nicht, es schneit. Die vereinzelten Pilger auf der Straße sind dick folienverpackt und heften ihren Blick stur auf die Straße. Wenn es Frauen sind, dann passen sie perfekt zu Shirley MacLains Beschreibung: „Eingehüllt in unsere wasserdichten Ponchos sahen wir aus wie nach vorn gebeugte Hexen mit einem Buckel"[25]. Aber was soll´s, der Weg führt nach Westen und tendenziell bergab, es kann also nur besser werden.

Das Dorf Burguete leidet eindeutig unter seiner Nähe zu Roncesvalles. Dort steppt der Pilger, hier läuft er nur müde durch. Kulturell gibt es eine Kirche, die ist zu. Touristisch gibt es zwei Hotels, die von Buspilgern und Leuten wie mir profitieren, und pilgermäßig ist allenfalls mit Frühstück für Roncesvalles-Starter was zu machen. Das versucht aber nur eine Bäckerei, und auch nicht immer.

Ernest Hemingway, lerne ich bei meinem Frühstück im Hotel, war mehrfach zum Angeln hier, in einem Fluss, den ich bald überqueren werde. Wie alle Pilger, die vor dem Ende des Straßendorfs Burguete zwischen zwei unscheinbaren Häusern das ebenso unscheinbare Werbeschild einer Sparkasse –irgendwas mit „Caixa"- und darunter den gelben Pfeil nach rechts nicht übersehen.

Für mich ist der Fluss und die Brücke unspektakulär, für Tim Moore und seinen Esel war das wohl anders: Die „Golden Gate Bridge aller Bretterstege"[26] sei das, und natürlich geht Shinto da nicht drüber. Macht aber nichts. Den Weg gab es früher offenbar sowieso nicht, Carmen Rohrbach und Shirley MacLaine sind, wie jetzt auch unsere beiden Esel, die Straße weiter gegangen. Das Ergebnis ist das gleiche und heißt Espinal. Oder Auritzberri, baskisch.

---

[25] Shirley MacLaine Seite 52
[26] Tim Moore Seite 84

Das Wetter ist jetzt gut, kein Regen mehr, kein Schnee, Temperatur weiß ich nicht, aber passt. Die Landschaft sieht immer noch aus wie der Schwarzwald, aber ein deutlicher Unterschied ist da, nämlich die Art der Besiedelung.

Während es im Schwarzwald neben vielen Ortschaften, die deutlich enger beieinander liegen als hier, unzählige verstreute Gehöfte und Einzelhäuser gibt, so dass es fast unmöglich ist, außerhalb des Waldes mal kein Haus zu sehen, sind die Höfe hier auf Straßendörfer konzentriert. Haus dicht neben Haus; Gärten, Ställe, Werkstätten und Felder dahinter.

Tja, Freunde der politisch-ökologisch korrekten verdichteten Bebauung: hier gibt es für euch nichts zu tun! Geht in den Schwarzwald, nach Freiamt oder Bernau, da habt ihr für Jahrzehnte zu planen und zu bauen. Oder besser nicht. So wie es ist soll es gut sein - jede Landschaft, jede Kultur und Region auf ihre Art!

Was das Problem der Steigungen und Gefälle angeht, das ist erst mal keines mehr. Natürlich sind die Pyrenäen nicht sofort zu Ende, das dauert noch zwei Tage, aber die beiden Passhöhen, die es heute zu überwinden gilt, sind mit dem Alto de Mezkiritz (950m) und später dem Alto de Erro (800m) nun wirklich kein Thema für touristische, sportliche, körperliche, religiöse oder gar esoterische Exkurse.

Eher schon die Überlegung, ob ich jetzt genussvoll durch die Restpyrenäen wandere oder dem nächsten größeren Ziel Pamplona entgegenfiebere. Immerhin wird das die erste Großstadt sein, die ich zu Fuß durchqueren werde, nicht nur auf dem Camino, sondern in meinem Leben. Das hat schon was.

Von meinen literarischen Wegbegleitern trägt auf dieser Etappe nur Shirley MacLaine zur Erbauung bei. Paulo Coelho lasse ich mal zurück. Der hat nur zwei Kapitel, die nach Ortsnamen benannt sind: Saint Jean Pied de Port hatten wir schon, und das nächste heißt Cebreiro, bis dahin dauert es noch ein paar hundert Seiten. Dazwischen liegen bei Coelho Orte wie „Der Schmerz", „Der Bote", „Befehlen und Dienen" oder „Die Begeisterung". Also durchweg Reiseziele, die er in Südamerika oder Sachsen-Anhalt auch gefunden hätte.

Zurück zu Shirley MacLaine. Die verläuft sich wegen fehlender oder falscher gelber Pfeile, was ich allenfalls Carmen Rohrbach 15 Jahre vorher zugestanden hätte. Sie verläuft sich aber nicht einfach so, nein, sie landet in einem Sumpf. Und weil sie sich emotional mit ihrem Pilgerstab doch nicht so einig ist, wie sie es beim Finden desselben vermutet hat[27], muss sie von Engel Ariel gerettet werden, aber der arbeitet wenigstens artgerecht und zuverlässig[28].

Mein Ziel auf dieser Etappe ist es, den Brunnen zu identifizieren, in dem Hape Kerkeling gebadet hat, zum Schrecken zweier älterer weiblicher Pilger und mit dem Nutzen, sein eigenes Badewasser als Trinkwasser mitnehmen zu können[29].

Der Brunnen steht am Ortseingang von Lintzoain. Baden sie da, oder nehmen sie wenigstens Wasser mit, vielleicht besser aus dem Zulauf als aus dem Becken. Denn nach dem Ort erfolgt der Anstieg zum Alto de Erro, immerhin von 750 Höhenmetern auf 800. Carmen Rohrbach hat hier oben übernachtet, im Freien von Sonnenuntergang bis Sonnenaufgang.

Ihre Naturbeschreibung ist unglaublich[30], ich fürchte allerdings heute nicht mehr nachvollziehbar. Vermutlich ist es verboten, einfach so im Wald zu übernachten, und wenn man es doch macht, besteht das Risiko, von nächtlichen Frühstart-Pilgern niedergetrampelt zu werden. Oder von Mountainbikern überrollt, auch nicht besser.

Danach geht es lange leicht abwärts durch einen sehr schönen Mischwald, so etwa acht Kilometer. Meine Tierwelterkenntnisse halten sich in Grenzen, aber immerhin doch was Neues: Prozessionsspinner!

Das ist kein Begriff aus dem ländlichen Katholizismus Bayerns, nein, es sind Raupen, die nicht nur viele Bäume besiedeln oder abfressen, sondern sich bemerkenswerterweise auf dem Weg zu langen Ketten aneinander schließen. Ich sehe das und nehme es so hin, die lesenswerten philosophischen Gedanken dazu überlasse ich Carmen Rohrbach in den Montes de Oca[31].

---

[27] Shirley MacLaine Seite 54
[28] Shirley MacLaine Seite 56
[29] Hape Kerkeling Seite 37
[30] Carmen Rohrbach Seite 39-40
[31] Carmen Rohrbach Seite 135 ff

Wie schon vorher bei Abstiegen gibt es ein paar ebenso gut gemeinte wie lästige Betonplatten-Etappen. Treppen oder natürliche Wurzel-Sturzel-Wege (so nannten meine Kinder das immer) wären für die Kniegelenke angenehmer, aber auch das trübt die Entspannung und das Vergnügen nur wenig.

*Vor dem Abstieg nach Zubiri*

Und so erreiche ich am frühen Nachmittag angestrengt, aber nicht wirklich erschöpft, über die vielfach beschriebene Brücke der Tollwut, die so heißt, weil ein Esel nie mehr Tollwut bekommt, wenn man ihn dreimal um den mittleren Pfeiler führt, was aber wohl kaum zu schaffen ist, den Ort Zubiri.

Der liegt, schon klar wegen der Brücke, auf der anderen Seite des Flusses und in einer anderen Welt. Es gibt ein paar alte Häuser, vor allem aber die Hauptstraße von Pamplona nach Roncesvalles mit recht viel Verkehr. Dazu Tankstellen, einen Supermarkt und irgendwo dazwischen wohl auch eine neue Herberge.

Für mich gibt es erst mal eine Bar mit Tischen an der Hauptstraße, Bier und zwei amerikanischen Touristen-Pilgern. Die sind von Saint Jean hierher gewandert oder getreckt, und jetzt wollen sie zurück, Business ruft. If I know how to get back? Wie man zurück kommt? No, keine Ahnung, Bus vielleicht?

Anders als gewohnt, habe ich mir tatsächlich noch keine Gedanken über den Rückweg gemacht.

Das sollte man aber immer tun, bevor man irgendwo hingeht oder irgendwas anfängt, zum Beispiel auch eine Operation: Sich die Frage beantworten: „Wie komme ich aus der Nummer wieder raus?"

In Südbaden kennt man das als „Kuony-von-Stockach-Problem", und das geht so:

Kuony war um 1310 Hofnarr beim österreichischen Herzog Leopold dem Ersten in Stockach in Baden. Ja, Teile Badens waren mal österreichisch. Der Herzog fasste eines schönen Tages, es war ihm vielleicht langweilig, den Plan, die Schweiz zu überfallen. Der friedliche Tourismus steckte damals wohl noch in den Kinderschuhen oder war noch gar nicht erfunden.

Also fragte er seinen Hofnarren, wie dem dieser Plan gefiele, und Kuony antwortete sinngemäß etwas wie „der Plan gefällt mir gar nicht, Herr, denn ihr habt zwar einen Plan, wie ihr in die Schweiz hineinkommt, aber keinen, wie ihr aus der Schweiz wieder herauskommt".

Diese Antwort gefiel nun wiederum dem Herzog gar nicht, er hätte lieber eine positive Rückmeldung gehabt, und er überfiel wie geplant die Schweiz.

Ob die Schweizer damals keine österreichischen Besucher mochten, der Herzog Geld abheben wollte von einem Konto, das er gar nicht hatte, seine Leute die zulässige Höchstgeschwindigkeit überschritten oder einfach nur keine gültigen Vignetten auf ihren Schilden hatten: 1315 wurde er mit seinen Mannen von den Eidgenossen in der Schlacht am Morgarten fürchterlich verdroschen und kam ziemlich lädiert, also nicht braungebrannt und satt wie wir heute, aber mit ebenso leerem Geldbeutel wie wir heute, aus der Schweiz zurück.

Da erkannte er, dass sein Hofnarr recht gehabt hatte. So bekam Kuony, und mit ihm seine Erben, als Dank und Anerkennung das Recht zugestanden, einmal im Jahr in Stockach ein Narrengericht abzuhalten, und das gibt es heute noch. Immer zur Fasnet[32], und jedes Jahr wird ein prominenter Politiker eingeladen beziehungsweise angeklagt. Und immer auch verurteilt, zu einer gewichtigen Weinspende.

---

[32] anderswo bekannt als Fasching, Karneval

Wer da nicht mal angeklagt war, ist nicht wirklich prominent und braucht sich um eine politische Karriere nicht weiter zu kümmern.

Wahrscheinlich habe ich den amerikanischen Freunden nicht wirklich helfen können. Aber nach dem Bier ging es mir wieder besser, Elektrolyte aufgefüllt, der Ort gefiel mir nicht wirklich, und wenn ich noch schlaffe fünf Kilometer weiterlaufe, was nicht schlimm sein kann, weil es am Fluss entlang, also leicht bergab geht, dann käme ich heute noch nach Larrasoaña, dann wäre ich auch wieder mit meinem Reiseführer im Reinen. Am Anfang des Weges denkt man noch so, das legt sich aber bald.

Also zurück über die Brücke in den Wald.

Man soll nicht nur einen Plan für den Rückzug haben, sondern auch mal vor dem Start auf die Karte schauen. Es geht nämlich nicht am Fluss entlang, sondern in die Berge, denn zwischen Fluss und Weg liegt eine riesige, staubige, laute und schmutzige Industrieanlage. Es ist ein Magnesit-Werk. Was auch immer das ist, es heißt oben rum dran vorbei!

Fünf Kilometer bedeuten hier nicht eine Stunde, sondern eher zweieinhalb, aber schließlich geht es wieder über eine Brücke. An der gibt es keine kostenlose Tollwutimpfung, sondern für Pilger, die ihren Wegzoll nicht bezahlen, ein paar auf die Fresse. Jedenfalls früher, heute ist die Brücke gefahrlos passierbar. Dafür ist drüben die Herberge nicht nur alt, sondern auch voll.

Aber ein nettes privates Zimmerchen findet sich schnell- einfach die Straße entlanggehen, dann kommen die Einwohner aus ihren schmucken Häuschen und machen ein Angebot. Und einen kleinen Laden mit Rotwein, Brot, Käse und Wurst gibt es nicht nur, der hat auch gerade noch offen.

Weil mein Zimmer einen Balkon zum Fluss hin hat, das Wetter schön ist und die Dusche heiß war, könnte es ein schöner langer Abend werden, wäre ich nicht doch einfach zu müde.

## 5  Larrasoaña

Heute gibt´s nur etwa zwanzig Kilometer, aber mit Pamplona! Die Frage, ob ich diese erste Stadt auf meinem Weg als Ziel oder als Zwischenetappe sehe, habe ich mir schon beantwortet. Ich will durchlaufen und weiter bis Cizur Menor, da soll es eine besonders schöne Herberge geben, und das was ich von Pamplona heute nicht sehe, schaffe ich wahrscheinlich auf dem Rückweg, es dürfte eine Bus- Umsteige- und Wartestadt sein. Pamplona ist etwas kleiner als Freiburg, so dass ich, vergleichbar dichte und hohe Bebauung unterstellt, eine gewisse Vorstellung zu haben glaube, was mich da erwartet. Es geht auch wieder am Fluss Arga entlang, also bergab, oder?

Was machen meine literarischen Wegbegleiter aus diesem schönen Tag? Hape trampt, lässt in Pamplona ein schlechtes Essen stehen, übernachtet und fährt dann mit dem Bus nach Viana. Tschüss, bis später mal!

Shirley MacLaine hat viele Gefühle, aber keines für Pamplona und schwebt irgendwie durch. Carmen Rohrbach mag die Stadt nicht, Ulrich Hinse kommt im Laufe des Tages endlich dazu und Tim Moore mit Shinto kommen erst mal nur langsam voran, weil es durch ein „All-you-can-eat-Salatbüfett mit Minze, Oregano und Thymian"[33] geht und schafft es nur bis Trinidad de Arre.

Der Anfang des Wegs ist auch wirklich schön, bis auf den Umstand, dass es kein Frühstück gibt. Die Hoffnung, dies möge sich im nächsten Dorf ändern, erfüllt sich auch nicht, aber es sind auch nur zwei Orte, der erste nach vier und der zweite nach weiteren sieben Kilometern, danach ist es schon eher passend nach Mittagessen zu suchen. Das sollte in Pamplona klappen, und das scheint nicht mehr weit zu sein:

Es geht am Fluss in eine parkähnlich gestaltete Landschaft, so eine Art Naherholungsgebiet für Städter. Aber als ich gerade denke, dass es jetzt in die Stadt geht, macht der Pilgerweg einen Schlenker nach rechts, steigt auf einen Hügel, erreicht eine zu querende Autobahn. Immerhin sieht man von hier oben eine Stadt aus neuen, leeren Hochhäusern mit breiten, leeren Straßen. Pamplona?! Oder eine Ausstellung von Beton-Fertigteilen?

---

[33]  Tim Moore Seite 96

46

Unter der Autobahn durch geht es parallel zu dieser weiter bergauf, also Blick auf die Autobahn von oben, mal was anderes nach der vielen Natur in den letzten Tagen.

Dann komme ich an einen neuen kleinen Fluss, der heißt Río Ulzama. Über eine historische Brücke geht es zum Kloster Trinidad de Arre. Außer einer Mauer ist nichts zu sehen, über die Mauer schauen geht auch nicht, also weiter in den Ort Villava.

Dort gibt es eine Fußgängerzone, das sicherste Zeichen, dass ich mich einer Großstadt nähere. Und wie es sich für eine Fußgängerzone gehört, findet sich eine Bar mit Tischen davor und einem großen Angebot an appetitlichen Nahrhaftigkeiten darin. Nach zwei Bocadillos mit Schinken und Rührei sowie einem Bier erholt sich der Körper und auch der Geist meldet sich zurück.

Ich bin im Geburtsort von Miguel Indurain. Nie gehört? Berühmter Rennradler! Aber Sport und ich, das ist so eine Geschichte. Fußball, zum Beispiel.

Juni 2012. Es ist mal wieder Fußball- Europameisterschaft. Und Deutschland, also wir, oder sogar ich, stehen im Halbfinale gegen Italien.

Ich bin von Jugend an eher das Gegenteil eines Fußballers oder auch Fußballfans. Es gibt dafür verschiedene Gründe. In der Grundschule, in Germering 1957 bis 1961, die damals noch Volksschule hieß, bestand der Sportunterricht nach meiner Erinnerung aus Werfen von Bällen, von kleinen Bällen, und das möglichst weit. Ich war da leistungs- und weitenmäßig eher unteres Mittelfeld. Ok, ich war immer der Letzte. Meine Weiten beim Schlagballwurf wären allenfalls beim Kugelstoßen akzeptabel gewesen. Später, beim Kugelstoßen, war ich immer froh, wenn mir das Ding nicht auf den Fuß gefallen ist.

Der Rest des Sportunterrichts war- Fußball spielen. Das hätte ich vielleicht sogar gerne und möglicherweise gar nicht schlecht gemacht, körperlich war ich eher geeignet, denke ich, aber: Ich kannte die Regeln nicht. „Gib ab!" - „Stopp den Ball!" - äh, was meinen die Kollegen? Also war ich Außenseiter.

Das passte aber, denn ich war in der Schule sowieso der Einzige Evangelische und schlimmer, aus Neu-Germering. Ich konnte mit den Heiligenbildchen, die es für Schönschrift oder gutes Benehmen gab, nicht wirklich was anfangen, nicht mal gegen Fußballbilder tauschen.

Mein gutes Benehmen war eher meiner Schüchternheit geschuldet, und was die Schönschrift angeht, sagte meine Lehrerin zu meiner Mutter: „Der werd amol a Dokta, d' Schrift hot er heit scho"[34].

Später im Gymnasium, in München-Pasing, wurde auch Fußball gespielt. Es begann immer mit der Mannschaftswahl. Unsere Alpha-Männchen durften aus dem Rest der Klasse ihre Mitspieler wählen. Sie ahnen es: ich war immer der Letzte oder Vorletzte, je nachdem wer angefangen hatte. Heute würde ein solches Auswahlverfahren wohl gegen jede pädagogische Korrektheit verstoßen und ein Lehrer, der es zulässt, müsste sich keine Sorgen um seine Pension mehr machen, die wäre nämlich weg. Mein Sportlehrer hat später einmal den Fehler gemacht, mir zu sagen „Geh ran!" Habe ich gemacht. Ich bin ihm voll in den Bauch gerannt.

Aber was wollte ich eigentlich sagen? Ach so, Deutschland gegen Italien, Halbfinale. Deutschland hat noch nie in einem wichtigen Turnier gegen Italien gewonnen, habe ich gehört. Aber diesmal gewinnen wir, sagen alle. Ich hatte da meine Zweifel. So lange es deutsche Fans gibt, die ihre Nationalfahne verkehrt herum aufhängen, kann das nichts werden. Es ist halt mal so, dass beim senkrechten Aufhängen der Fahne Gold an den Mast oder an die Wand muss.

Und dann, beim Singen der Nationalhymne: Italien begeistert, laut, con emotione e forza, und Deutschland leise, peinlich, „wer tut uns das an, dass wir singen müssen"- da habe ich gedacht: Italien hat es verdient zu gewinnen. Und so war es dann ja auch. Bei der Weltmeisterschaft 2014 in Brasilien hingen in Donaueschingen alle Fahnen richtig, und es hat funktioniert!

Singen kann ich übrigens auch nicht. Aber das ist ein anderes Thema.

Jetzt auf nach Pamplona! Carmen Rohrbach hat es dort, ich habe es wohl schon erzählt, gar nicht gefallen Zu viele Menschen mit falschem Verhalten, Schock der Großstadt nach drei Tagen Natur pur. Aber sie übernachtet dort in einer Pension, und weil sie mit der Stadt nichts anzufangen weiß, nutzt sie die Zeit für einen ausführlichen historischen Exkurs über Navarra, Pamplona, Kelten, Römer und was da noch alles war[35]. Die passende Ergänzung zu ihrer Jakobsweg-Vorlesung, die ich in Kapitel 3 erwähnt habe.

---

[34] Hochdeutsch: Der wird einmal ein Doktor, die Schrift hat er heute schon.
[35]  Carmen Rohrbach Seite 41 ff

Ich finde Pamplona gar nicht schlimm, ganz im Gegenteil. Der Weg führt nur zu einem kleinen Teil über verkehrsreiche Stadtstraßen, aber das ist doch eine willkommene Abwechslung nach so viel Wald und Wiesen.

Und erst die netten Ampelmännchen: die grünen fangen doch tatsächlich an zu rennen, bevor rot kommt, dann weiß man, dass man selber auch rennen muss!

Der Weg orientiert sich soweit möglich an Grünzonen, führt durch Parks und ist außerdem nett markiert: durch in den Boden eingelassene Jakobs-Muscheln. Nochmal über den Fluss Arga geht es bergauf an der Stadtmauer entlang in die Altstadt.

Vor dem Betreten der Altstadt habe ich eine schöne Aussicht auf das neue Pamplona, d.h. die Aussicht ist schön, das was ich sehe eher weniger; die üblichen Hochhäuser, Wohnblocks und Industrieanlagen wie überall. Aber ich sehe auch hinunter auf eine Brücke über die Arga, das muss die Stelle sein, wo Ulrich Hinses Held Raschke seinen ersten Mord beobachtet hat, wenn es denn einer war[36].

Eine ältere Bürgerin der Stadt spricht mich an, ob es denn tatsächlich noch Pilger gäbe? Etwas verwirrend, diese Frage. Die passt in die Zeit von Shirley MacLaine oder Carmen Rohrbach, aber heute, wo doch jeden Tag tausende Pilger durch Pamplona laufen oder mountainbiken?

Die Kathedrale, mitten in der Altstadt und schon seit längerer Zeit sichtbares Ziel, scheint geschlossen zu sein, aber fröhliche Mitpilger wissen Rat: der Eingang ist seitlich durch ein Museum, und so hinterlässt die Kathedrale zumindest einen Stempel im Pilgerpass. Nicht der einzige in Pamplona, denn später laufe ich noch durch den Campus der Universität, da gibt es an der Pforte einen Extrastempel.

Beginnt da eine Sammelwut, die lustig, aber nicht zielführend ist? Die Urkunde in Santiago bekommt man, wenn man die letzten 100 Kilometer zu Fuß durch Stempel nachweist genauso wie bei einem monatelangen Fußmarsch von zu Hause bis Santiago. Irgendwie ist das ungerecht. Aber es ist ja sowieso die große Frage, warum ich auf diesem Weg in Richtung Santiago

---

[36] Ulrich Hinse Seite 26

laufe und nicht auf einem schönen, warmen und trockenen Weg ohne Großstädte irgendwo anders.

Für Katholiken war und ist die Vergebung der Sünden ein starkes Motiv für den Marsch auf Santiago, oder besser noch den Pilger-Triathlon Santiago, Rom, Jerusalem. Für den Evangelischen ist diese Motivation eher untergeordnet.

Für Katholiken habe ich schon zu Hause in Donaueschingen Auswege angeboten. Einer kommt noch dazu: Ich meine mich zu erinnern, dass Papst Franziskus anlässlich seines Amtsantritts eine Generalamnestie verkündet hat.

Das ist alles schlecht für die Geschäfte und die Gastronomie am Weg, wenn denn der Zusammenhang so stimmt und die katholischen Schwestern und Brüder das merken.

Und damit zu der versprochenen sicheren Methode, die Motivation zum Pilgern bereits in Donaueschingen aufzugeben: Hier an der Stadtkirche St. Johann steht ein Kreuz, dessen Inschrift eine klare Gebrauchsanweisung zur Sündenvergabe ohne großen Aufwand darstellt.

Es ist das „Missionskreuz". Solche Missionskreuze gibt es häufig, sie erinnern an die Bemühungen vor allem der Jesuiten, durch eine zeitlich begrenzte, intensive Betreuung die Bevölkerung einer Stadt im Glauben zu stärken oder auf den rechten Weg zu führen.

Ein paar Padres kamen in die Stadt, hielten Gottesdienste und Messen, sie veranstalteten Vorträge und Beichtgespräche und sie machten Hausbesuche. Das klingt mir eher bedrohlich als erbaulich, aber wie auch immer: Zur Erinnerung an diese Mission wurde ein Missionskreuz aufgestellt, auf dem meist auch die Jahreszahl der Ereignisses angegeben ist. Die Donaueschinger müssen wohl ein größeres Problem oder ganz besonders schlimme Finger gewesen sein, denn sie wurden nicht nur 1904, sondern gleich nochmal 1920 missioniert. Auf dem Sockel des Kreuzes steht ganz unten noch die Zahl 1902, was wohl bedeuten muss, dass dieses Kreuz schon im Vorfeld der Veranstaltungen aufgestellt wurde. Als Mahnung, Warnung, Vorankündigung?

Wie auch immer, für die Betrachtung des Sündenvergebungsproblems sind die Texte an den Seiten des Kreuzes wichtig. Links ist die Verheißung noch eher kompliziert, dafür ist der zu gewinnende Ablass übertragbar; nicht auf Lebende, aber auf Mitchristen im Fegefeuer.

7 Jahre 280 Tage für je 7 Ave Maria und 300 Tage Nachlass für je 5 Vaterunser, auch den armen Seelen zuwendbar. Ist doch ein Anfang.

Auf der rechten Seite wird's komfortabel, man muss nur das richtige Datum aussuchen. Das Missionskreuz zu besuchen ist kein Problem, da stehen wir ja schon, bloß sollte an den richtigen Tagen auch Gelegenheit zu Beichte und Kommunion bestehen. Man muss halt gegebenenfalls am richtigen Tag nochmal hin, aber das lohnt sich und ist einfacher als nach Santiago zu robben.

Also, ihr Schwenninger und Rottweiler, Tübinger und Stuttgarter: Nicht einfach an Donaueschingen vorbeilaufen, sondern zur Stadtkirche. Dann könnt ihr gleich nebenan im Bräustüble einkehren und dann ohne lästiges Pilgern sündenfrei nach Hause!

Solche Gedanken helfen, die landschaftlich weniger begeisternden Abschnitte des Camino zu meistern. Natürlich kommt nach Pamplona wieder ein Autobahnring, den es zu überwinden gilt. Aber da ist auch das Ziel schon in Sicht, das Dorf Cizur Menor, in dem es, wie erwähnt, eine sehr schöne Herberge geben soll. Und so ist es auch.

Im Hof ist die Herbergswirtin damit beschäftigt, den Pilgern die Füße zu verpflastern und sie gibt Ratschläge zur Vermeidung von Blasen. Ich bin wohl zu wenig gelaufen, oder zu langsam, ich habe keine Probleme mit meinen Füßen.

Im Altbau gibt es ein Bett in einer Nische, im Hof ausreichend Gestelle zum Wäschetrocknen, in der Bar gegenüber ein Pilgermenü.

Später im Hof finden sich ein paar nette Mitpilger, darunter ein Buchhändler aus Berlin, der den ganzen spanischen Camino jedes Jahr läuft. So viel Zeit möchte ich auch mal haben.

Alles ist gut, und der erste Abschnitt des Camino mit Pyrenäen und Pamplona ist gemeistert. Morgen folgt der Alto de Perdón und, sagt der Führer, eine neue Landschaft[37].

---

[37] Joan Fiol Boada Seite 82

# 6 Cizur Menor

„Auf den Alto del Perdón führt einer der längsten Anstiege des gesamten Pilgerwegs, meist von starkem Wind umweht", sagt der Führer[38]. Und bei irgendjemand habe ich eine wahre Horrorstory gelesen von einem Westwind, der so stark war, dass der Reisende immer wieder zurück Richtung Pamplona geweht wurde.

Meine literarischen Begleiter nehmen den Alto unspektakulär, außer vielleicht Tim Moore, der nachmittags von Cizur Menor aus den „Hügel" noch als Zugabe macht. Nach dem Pyrenäenanstieg klingen mir die ganzen Storys nach übertriebener Drohung, es sind 144 Höhenmeter auf 8,4 Kilometer Wegstrecke, und das ist doch eher ein Witz.

Das mit dem Wind könnte schon eher stimmen, der Bergkamm des Perdón ist schon seit gestern am Horizont sichtbar und von links bis rechts vollgestellt mit Windrädern. Nicht mit alten Windmühlen aus Stein mit Holzrad und Segeltuch, sondern mit großen potenziellen Stromerzeugern.

Beim Näherkommen auf einem bequemen Spazierweg sehe ich allerdings, dass sich nur wenige der Rotoren drehen, was nicht am Wind liegen kann, denn ein paar drehen sich ja doch. Vielleicht ist es mit diesen Dingern hier umgekehrt: die werden mit Strom angetrieben, um den von den Pilgern erwarteten Wind zu erzeugen, und heute liefern die acht spanischen Atomkraftwerke eben nicht genug Leistung.

Oder Spanien hat seinen schon 2006 für das Jahr 2024 beschlossenen Ausstieg aus der Nutzung der Kernenergie vorgezogen. Die beiden Jahreszahlen sprechen, nebenbei bemerkt, für eine vernünftige und damit aussichtsreiche Planung, anders als bei uns der panikartig überstürzte Atomausstieg.

Was es auf dem Alto auch gibt, aber noch nicht sichtbar ist am Brunnen in Zariquiegui, noch 2,4 Kilometer bis nach oben, ist das Pilgerdenkmal. Große Pilgerfiguren aus rostigem Stahl, die unter einem ebenfalls stählernen Sternenhimmel nach Westen schlurfen.

---

[38] Joan Fiol Boada Seite 81

Nun ist es beim Camino ja so, dass man einen Stein aus der Heimat mitbringt und ihn beim Cruz de Ferro, auf einem Berg vor Santiago, ablegt. Warum man das tut, dafür gibt es verschiedene Theorien, aber viele machen es wohl, um symbolisch eine Last abzulegen. Ich habe ja meinen DB-Netz-AG-Schotterstein dabei, ich denke, das Pilgerdenkmal ist eine gute Alternative zum Cruz de Ferro.

Erst mal aber wird der Weg steiler, denn von den 144 Höhenmetern sind zwei Kilometer vor der Passhöhe erst etwa 30 geschafft. Es wird also leicht alpin, aber keineswegs abenteuerlich oder schwierig.

Ich muss ja auch nicht dauernd an mögliche körperliche Qualen denken, wie wäre es mal mit was Kulturellem? Zum Thema „Sprache minus Kultur", oder so?

Ich habe im Gymnasium vor allem Latein und Griechisch gelernt. Und am Schluss noch zwei Jahre Englisch. Latein waren 10 Jahre, Griechisch 6, weil ich die Klasse 9 wiederholt habe. Mein Latein- und Griechisch-Lehrer sagte zur Jahresmitte: „Klotzbücher, wennst nix lernst schmeiß ich dich durch". Dann habe ich nichts gelernt, und... na ja. Danach habe ich es dann kapiert.

Tatsächlich bin ich immer noch froh über Latein und Griechisch. Das kann ich beides zwar immer noch nicht, aber ich hätte bei Günter Jauch[39] klare Vorteile durch Fremdwortverständnis und vor allem: Ich habe verstanden wie die Struktur einer Sprache aussieht und wie man Sprachen lernt. Zumindest erst mal so viel, dass man die wichtigsten Alltagssituationen meistern kann.

In den Ferien nach dem Abitur habe ich Französisch gelernt, 30 Lektionen aus einem Lehrbuch in 30 Tagen, weil ich mit meiner Ente immer gerne nach Südfrankreich gefahren bin. Über Landstraßen, versteht sich, wegen der Autobahngebühren.

Bald darauf kam Italienisch, weil ich Verdis Operntexte im Original verstehen wollte, später dann etwas Norwegisch für den Urlaub, ziemlich viel Russisch, da war ich mehrfach zu medizinischer Hilfe, ein paar Worte, aber

---

[39] „Wer wird Millionär", ZDF

auch das macht Eindruck, Japanisch und Ungarisch; das sind die Städtepartnerschaften Donaueschingens.

Und jetzt für den Camino natürlich Spanisch. Das größte Problem dabei ist, nicht ins Italienische zu verfallen und Essig nicht mit Öl zu verwechseln. Aceto italienisch ist Essig, Aceite spanisch aber Öl. Schön, dass auch Sprachen manchmal voller Rätsel stecken. Die aufmerksamen Leser dürfen jetzt das Wörterbuch holen und nachschauen, was auf Spanisch Essig heißt.


Aber eigentlich wollte ich auf was ganz anderes raus. Alle Sprachen, ich denke auch die zahlreichen mir unbekannten, haben eines gemeinsam: Satzzeichen werden nicht ausgesprochen. Sie leiten die Sprachmelodie, bewirken Pausen und Änderungen der Lautstärke, machen den Inhalt eines Satzes deutlich und so weiter. Aber man spricht sie nicht mit!

Nun, meine deutschen Schwestern und Brüder haben sich, unwidersprochen von Sprach- oder Kulturwächtern, angewöhnt den Gedankenstrich bzw Bindestrich, der eine Sprechpause signalisiert, als „minus" auszusprechen, wenn sie in Radio oder Fernsehen Internetadressen mitteilen wollen.

Welch Schwachsinn! Niemand kommt auf die Idee, das Land Baden-Württemberg als „Baden minus Württemberg" auszusprechen oder die Stadt Villingen-Schwenningen als „Villingen minus Schwenningen", außer vielleicht, man will die Bedeutung der Doppelstadt karikierend betonen. Frau Leutheußer minus Schnarrenberger wäre wohl auch nicht begeistert, wenn man sie so nennt, und diejenigen unter ihnen, die vielleicht einen Doppelnamen nicht nur hinten sondern auch im Vornamen haben, sie verstehen mich.

Aber dann muss ich hören: „Echt minus gut minus bw de" oder „Leier minus Wohnbau" oder „bmw minus ahg" oder „Chi minus Donaueschingen". „Kieser minus Training", „Gemüsebau minus Frei". Hoffentlich gewinne ich mal was bei „Lotto minus bw", dann kaufe ich bei „Rewe minus Südwest". „Landesschau minus bw" nervt mich jeden Tag. Die Deutsche Bahn hat es noch getoppt mit einem „Baden minus Württemberg" in einem Spot für ein Regionalticket. Ich könnte kotzen. Ich werde niemals, ihr Werbestrategen, eine Internetadresse aufrufen, die ein Minus enthält. Den Gedankenstrich muss man durch eine Sprechpause ausdrücken können!

Schade, dass man Walter Jens[40] nicht mehr fragen kann, was er davon hält. Ich denke, wenn es jetzt in Tübingen rumpelt, hat er sich im Grab umgedreht.

Aber es gibt Hoffnung. Ich habe jetzt gehört „Deutschland macht plus de". Das kann man mit oder ohne Gedankenstrich eingeben, man kommt immer an. Geht doch. „Deutschland minus macht minus plus de" wäre ja auch wirklich zu bescheuert gewesen.

Ich könnte mit dem Idiotenapostroph weitermachen, aber jetzt bin ich oben auf dem Pass und kann zurückschauen auf Pamplona und die Pyrenäen und nach vorne Richtung Puente la Reina.

---

[40] Deutscher Rhetorikprofessor, 1923 – 2013

Auch das Pilgerdenkmal ist da, zusammen mit zahlreichen Pilgern, die sich hier sammeln. Ich brauche etwas Geduld, um ein Bild machen zu können, auf dem nur das Denkmal ohne Pilger zu sehen ist.

Ein Bild vom Denkmal ohne Windmühlen ginge auch, von weiter links mehr Richtung Pyrenäen, das würde aber den Gesamteindruck verwässern.

Am Fuß der zweiten Pilgerin von rechts, also der vorletzten, baue ich einen kleinen Steinhaufen, sammle etwas Blühendes, viel gibt es hier Anfang April noch nicht, aber so habe ich es seinerzeit an der Unfallstelle auch gemacht und lege meinen Stein ab.

Ich bleibe längere Zeit hier oben sitzen.

Der Abstieg ist eindeutig lästiger als der Aufstieg, er ist wesentlich steiler und viele große und beim Drauftreten wegrollende Steine erschweren den Vormarsch; aber der Weg beruhigt sich bald und wird zu einem gemütlichen Feldweg zu den Dörfern Uterga und Muruzábal.

Von dort wären es nur weitere fünf gemütliche Kilometer bis Puente la Reina, hätten die Templer nicht im 12. Jahrhundert die Kirche Santa Maria de Eunate drei Kilometer abseits vom Weg an einem anderen Zweig des Camino gebaut. Die muss man unbedingt gesehen haben, nicht nur weil Ulrich Hinse seinen Kommissar auf Pilgerfahrt dort die zweite Leiche finden lässt. „Schon wieder eine Brücke als Tatort"[41]. Vielleicht lässt er ihn später mal eine Leiche in einer Kirche finden?

Auch „Fußabdrücke von derben Wanderstiefeln"[42] lässt er seinen spanischen Kripo-Kollegen da finden, was mich bei den hier verkehrenden Personen nicht wirklich wundert und wohl kaum kriminaltechnisch verwertbar sein dürfte.

Aber lassen wir Brücken, Leichen und Fußabdrücke mal vor der Kirche von Eunate liegen und schauen wir uns die Kirche an!

Bitte keine Angst vor Wiederholungen. Kunsthistorisch ist über Eunate alles geschrieben, was man sich denken kann. Vermutlich ist es gar nicht möglich, das zu wiederholen ohne ein Plagiat zu begehen. Architektonisch und esoterisch sieht es wohl ähnlich aus. Es ist jedenfalls eine romanische Kirche aus dem 12. Jahrhundert, vielleicht von Templern gebaut, vielleicht aber auch nicht, der Grundriss ist achteckig, der Grundriss der Arkaden außen rum fünfeckig, die Fenster sind aus Alabaster. Es gibt kein Dorf um die Kirche herum, nur Äcker und Wiesen. Und eine Pilgerherberge mit Stempeltisch. Der Zweig des Jakobsweges hier ist der aragonesische und die Tür ist meistens offen.

Der Eindruck auf mich ist überwältigend, es ist ein Ort, an dem man zur Ruhe kommen kann. Geistig, meine ich. Da stört auch ein Pilger auf der Mauer nicht.

---

[41] Ulrich Hinse Seite 37
[42] Ulrich Hinse Seite 57

*Eunate, innere Arkaden mit müdem Pilger*

Innen überwältigt der Ort weiter, vor allem beim Blick nach oben. Es gibt nur wenig an Einrichtung, aber unter dem Bild der Heiligen Maria von Eunate doch noch einen kulturellen Dämpfer.

*Eunate, Kuppel*

Was aussieht wie Kerzen sind LEDs. Durch Einwurf von Geld kann man eine oder mehrere zum Leuchten bringen. Also, Kerzen anzünden, das mache ich an solchen Orten auch. Aber LEDs anknipsen, geht's noch? Fehlt nur noch das Kreditkarten-Terminal zum Spendeneinzug!

Immerhin bleibt mir ein Erlebnis erspart, das den Eindruck und die Stimmung total vermasseln würde: Die Ankunft eines Reisebusses, der Teilzeitpilger ausspuckt, die dann lautstark und gleichzeitig über Eunate klugscheißen, einer kunsthistorisch, eine andere architektonisch, alle zusammen esoterisch.

Wie ich auf so eine Idee komme? Die Reisegruppe von Petra Oelker macht das[43]. Aber dann fahren sie direkt weiter bis nach Logroño und sind erst mal weg.

Hape und Eunate ist übrigens eine Fehlanzeige. Der fährt mit dem Bus von Pamplona nach Viana.

Trotzdem, liebe Nachpilger: Eunate ist kein lästiger Umweg, sondern ein Muss! Immerhin ist es von hier bis Puente la Reina nicht mehr wirklich weit, und dort gibt es viele nette Herbergen, notfalls eine kurz hinter dem Ort, eine ehemalige Campinganlage oder so, da ist wohl immer genug Platz. Auch für Esel[44], ja, Tim Moore hat dort übernachtet.

---

[43] Petra Oelker Seite 71ff
[44] Tim Moore Seite 120

Ein Werber für diese Herberge stand schon mit Handzetteln auf dem Alto de Perdón, aber ich lande bei den Padres Reparadores, am Ortseingang, neben einer Jungpriesterschule. Ohne Esel kann ich da unbehelligt vorbeigehen, Tim Moore musste unerwartete Priester-Pöbeleien erdulden[45]. Vielleicht ist es einfach nicht gut oder artgerecht, halbstarke Jungs den ganzen Tag in einem Schulgebäude zu halten.

Aber ich muss ja nicht über alles lästern, vor allem nicht über den auch bei uns hochgelobten gesellschaftlichen Fortschritt, den die zunehmende Verbreitung der Ganztagesschule bringt. Diese Entwicklung betrifft mich nicht, meine Kinder auch nicht mehr, und meine Enkelinnen müssen nicht auf mich hören. Es kann sein, zugegeben, dass eine Ganztagsbetreuung in Schule, Kindergarten und auch schon davor den sozialen oder pädagogischen Anforderungen unserer aktuellen Gesellschaft am besten entspricht. Deshalb muss mir das ja nicht gefallen.

Jedenfalls bin ich mir ganz sicher: Hätte man meiner Generation, so im Alter zwischen 12 und 16, einen Ganztagsunterricht verordnet, uns den freien Nachmittag, an dem wir auf Bäume kletterten, am Bahndamm rauchten, an unseren Fahrrädern rumschraubten, zu den Pfadfindern oder in den Sportverein gingen, genommen: Es hätte einen Aufschrei, eine Revolution gegeben. Wir hätten uns diese Beschränkung unserer Freiheit, dieses Überstülpen von Betreuung, nicht bieten lassen.

Schon damals gab es viele unter uns, deren Eltern beide berufstätig waren. Es gab Zweitschlüssel für die Wohnung, die konnte man an einem Band um den Hals hängen und alles war gut. So ändern sich die Zeiten.

Zu diesem Thema kursiert im Internet in verschiedenen Variationen eine PowerPoint-Präsentation, die etwa „geboren vor 1968" heißt. Die könnten sie mal suchen und anschauen, während ich dusche und Wäsche wasche.

---

[45] Tim Moore Seite 116 / 117

Abends scheint die Sonne in den Garten der Herberge und trocknet meine Wäsche. Ich mache noch einen Spaziergang durch die Stadt und schaue mir schon mal die Brücke an, über die es morgen weitergeht.

Es ist eine romanische Brücke, die aber nicht etwa über den Fluss Reina führt, sondern über die Arga. Sie heißt so, weil sie wahrscheinlich von der Königin, der Reina, Doña Mayor von Navarra den Pilgern gestiftet wurde.

Die Stadt ist übrigens Feld 5, die Brücke Feld 6 im Gänsespiel, aber das kriegen wir ja erst später.

*Brücke über die Arga in Puente la Reina*

# 7 Puente la Reina

Morgens um acht muss man die Herbergen geräumt haben, so auch hier. Was aber nicht bedeutet, dass man auch die Stadt sofort verlassen muss. Neben der Herberge gibt es eine Kirche, die mal wieder der Jungfrau Maria geweiht oder gewidmet ist.

Im Hauptschiff ist von Christus nichts zu sehen. Aber irgendwann im Mittelalter kam ein Pilger aus Deutschland an, der ein riesiges Holzkreuz mitgeschleppt hat und es der Kirche schenkte. Es war wohl doch zu schwer, um es bis nach Santiago zu tragen. Dieses Kreuz passte aber einfach nicht in die Kirche, und deshalb hat man seitlich einen zum Hauptschiff parallelen Raum von fast gleicher Größe angebaut, in dem an der Stirnseite dieses Kreuz hängt. Maria im Hauptraum, Jesus im Nebenraum, beim Evangelischen sträubt sich da was.

Jetzt erst mal weiter. Ich verlasse die Stadt über die schon gestern besuchte Brücke. Von Carmen Rohrbachs Brückenputzvogel[46] ist nichts zu sehen, schade.

Hinter der Brücke wird es spannend. Nicht weil ich jetzt an der Stelle vorbei muss, wo Ulrich Hinses pilgernder Kriminaler beinahe von einem Haufen Betonröhren erschlagen wurde[47], auch nicht weil Tim Moore hier sehr drastisch das Schicksal von Pilgern im Schlamm beobachtet ohne selber betroffen zu sein, „unmenschliches Leiden, mit einer Prise Schadenfreude gewürzt"[48], sondern weil der Weg nicht so läuft wie in meinem Führer und bei meinen Begleitern beschrieben.

Hinter Puente la Reina waren die Straßenbauer am Werk. Die Pilger im Mittelalter haben den idealen Weg, die beste Route gewählt. Die modernen Straßenbauer im Baskenland von heute auch, und folglich ist die Trasse tendenziell die gleiche. Mit entsprechenden Konsequenzen.

Hier bedeutet das: Der Jakobsweg ist weg, die neue, breite und ortsumgehende Nationalstraße N 111 ist da. Man kann es natürlich auch mit Shirley MacLaine so interpretieren: „Die modernen Ingenieure schienen zu wissen,

---

[46] Carmen Rohrbach Seite 67
[47] Ulrich Hinse Seite 47
[48] Tim Moore Seite 123

dass die Energie des Jakobswegs die besten Voraussetzungen bot, um darauf eine Straße zu bauen[49]". Sie meinte damals natürlich nicht die neue N 111, sondern die ältere, kurvigere und ortsdurchquerende Version dieser Straße.

Und weil man auch in Spanien erst im Verkehrsfunk und dann im Krankenhaus oder auf dem Friedhof landet, wenn man auf einer Schnellstraße läuft, gibt es eine Umleitung für Pilger, drastisch gekennzeichnet durch viele gelbe Pfeile und sogar durch einen mehrsprachigen gelben Text auf der Straße: „Gehen sie nach rechts und seien sie vorsichtig. Herberge nach 4 km".

Der Ruf nach Vorsicht ist prinzipiell verständlich: Man läuft auf einer Straße. In Serpentinen einen Berg hoch. Mit Blick auf die neue Straße unten und auf Landschaft jenseits im Süden. Autos gibt es auf dieser Straße allerdings keine, also eine überflüssige Warnung, aber Pilger gibt es auch nicht, und im Anstieg bekomme ich einen bösen Verdacht: Der richtige Weg muss doch links durch die Landschaft gehen, die gelben Pfeile stammen von einem abseits des Wegs lauernden Herbergswirt, der seinen Umsatz steigern will?

Ich könnte jetzt natürlich mein Smartphone zücken und mir eine aktuelle Karte zeigen lassen, aber das ist mir auch zu blöd. Also weiter. Immerhin hat die Straße Kilometersteine, und so weiß ich, dass es bis km 4 noch dauert. Ich beobachte den Hang rechts von mir auf der Suche nach geeigneten Stellen für ein Not-Nachtquartier, aber alle geschützten Mulden sehen so aus, als würden sie bei Regen zum Bachbett.

Irgendwann geht es dann wieder bergab, dafür schlägt der Gegenwind zu und es regnet. Beides, Wind und Regen, sind lästig, aber da weiß ich ja noch nicht, was in den nächsten Tagen kommt. Gelbe Pfeile gibt es schon lange nicht mehr.

Komischerweise frage ich mich trotzdem nicht, warum ich das hier eigentlich mache und laufe brav weiter. So komme ich auch bald, also nach etwa zwei Stunden, wieder runter auf Höhe der neuen N 111.

---

[49] Shirley MacLaine Seite 69

Ich überquere sie auf einer Brücke, Autos sehe ich darunter keine, und ich komme zu einem Kreisverkehr am Ortseingang von Mañeru. Der Ortsname kommt mir aus dem Führer bekannt vor, und siehe da: einmal rechts um den Kreisverkehr führt der Weg tatsächlich wieder zu einem gelben Pfeil. Links rum wäre aber kürzer gewesen.

Zwischen dem neuen Kreisverkehr und dem alten Ort gibt es ein voll erschlossenes Neubaugebiet. Straße, Gehweg, Straßenbeleuchtung, alles da. Bloß kein einziges neues Haus. Aber ein Schild: „Hier können sie billiger wohnen als anderswo". Schön. Es ist kein ganz neues Schild. Schön, dass ich hier nicht für die Gemeindefinanzen verantwortlich bin. In Donaueschingen war ich das 20 Jahre lang, als Stadtrat. Aber darüber denke ich heute nicht weiter nach, ich habe Hunger und brauche ein Nachtquartier.

Der kleine Ort ist perfekt herausgeputzt. Keine Schäden an Häusern oder Straßen, alles renoviert. Keine sichtbaren Bewohner. Bar und Herberge ohne Lebenszeichen. Ich dachte, um diese Zeit sei auch in Spanien die Siesta vorbei.

Die nächsten sechs Kilometer, jetzt nicht asphaltierter Weg durch Felder, schaffe ich noch, ist ja erst halb fünf. Das Ziel ist schnell erkennbar, auf einem Hügel liegt der Ort Cirauqui.

An der städtischen oder kirchlichen, also offiziellen Herberge bin ich wohl vorbeigeschlappt, aber dann stoße ich direkt auf eine Privatherberge, und die hat auch Platz für mich. Für fünf Euro im Saal oder für fünfzehn im Einzelzimmer im Oberstock.

Mit Aussicht auf die Landschaft und die Berge im Süden, mit Balkon zum Wäschetrocknen und Füße auslüften. Das ist genau das, was ich jetzt brauche.

Später gibt es Gemeinschaftskost, Suppe und Spaghetti, alles reichlich und lecker. Und Rotwein, versteht sich. Dazu Gesellschaft von vier Spaniern und einem in Russland geborenen Norweger. Der freut sich besonders, als ich ihm zum Abschied „Ha de bra!" wünsche. Halte dich tapfer.

Der Stempel aus dieser Herberge sieht etwas anders aus als sonst. Keine Kirche, keine religiösen Symbole, nein, ein rotes Herz. Aber es war wirklich nur eine nette Herberge.

Ulrich Hinses Held Raschke ist zwischen Mañeru und Cirauqui hin- und hergelaufen, zum Einkaufen für seine Herbergswirtin. Also läuft er, wenn auch nur kurz, in der heute falschen Richtung und drückt sich verschämt an Pilgern vorbei, die ihm entgegen kommen[50]. Aber wieder nach Hause zu laufen ist doch nichts Ehrenrühriges!

Übrigens, zur Beruhigung für Nachpilger: Der Weg führt heute wieder südlich der Schnellstraße entlang. Ohne Berg, meistens ohne Schlamm und wohl fast immer ohne herabstürzende Betonröhren.

---

[50] Ulrich Hinse Seite 54

# 8 Cirauqui

Das gestern war ja nun keine wirklich lange Etappe, heute soll es ein bisschen Geländegewinn geben, natürlich ohne die Kultur zu vernachlässigen.

Weil ich um sechs wach bin, gehe ich auch gleich los, obwohl es noch stockdunkel ist. Das liegt daran, dass Spanien die gleiche Zeitzone hat wie Deutschland und sogar Polen, ein geographischer Blödsinn.

Eigentlich ist Spanien zwei Stunden später dran als Deutschland, und bis General Franco 1942 beschloss, die gleiche Zeit haben zu wollen wie sein deutscher Freund Adolf Hitler, war es in Spanien zumindest eine Stunde später als in Deutschland.

Wieder zu Hause habe ich erfahren, dass es in Spanien Bestrebungen gibt, dies zu ändern, weil die Schüler und die arbeitende Bevölkerung morgens nicht aus den Federn kommen und dafür abends... na ja, schon klar, worauf es hinausläuft.

---

**27. September 2013 18:09**

Für mehr Produktivität Spanien will in andere Zeitzone wechseln

Die Uhr zurückdrehen gegen die Wirtschaftskrise: In Spanien wächst die Überzeugung, dass die Sonne zu spät auf- und untergeht und das Land deshalb in eine andere Zeitzone wechseln soll. So wollen die Spanier produktiver und leistungsfähiger werden.

http://www.sueddeutsche.de/wirtschaft/fuer-mehr-produktivitaet-spanien-will-in-andere-zeitzone-wechseln-1.1782506

---

Nun, der Weg ist auch im Dunkeln zu finden, etwas problematisch ist nur die Überquerung der alten, verfallenen Brücke aus der Römerzeit, aber dann geht es auf einen breiten bequemen Weg und es dämmert auch bald.

Allerdings: Der Weg ist eigentlich schön, wäre er nicht nass und vor allem nicht matschig. Ist er aber, und so sinkt das Tempo auf einen Vielleicht-zwei-Kilometer-pro-Stunde-Schnitt.

Und das mal wieder ohne Frühstück. Ja, das nervt, zugegeben, aber so ist es halt. Vor einem normalen Tag zu Hause kann ich leicht darauf verzichten, aber vor solchen körperlichen Eskapaden, da hätte ich gerne was im Magen, nicht nur eine Notration.

Eine heiße Vitakorva, die bekannte schwedische Weißwurstsuppe[51], wäre jetzt angemessen. Aber die nächsten theoretischen Chancen für Frühstück gibt es erst nach sechs Kilometern in Lorca, dann nach weiteren fünf Kilometern in Villatuerta, oder in Estella, was nochmal weitere vier Kilometer bedeutet. Estella ist eine größere Stadt, da sollte es spätestens klappen. Obwohl es bis dann wahrscheinlich eher wieder Zeit zum Mittagessen ist, irgendwas wiederholt sich da.

---

[51] **Der Tod greift nicht daneben,** Jörg Maurer, Fischer Scherz Frankfurt, Seite 180

Ich merke, das ist keine Etappe, auf der ich beim Laufen über Gott und die Welt nachdenke, die banalen logistischen Probleme überwiegen.

Immerhin gibt es zwischen Schlammwegen auch wieder feste Abschnitte, so dass der Schmodder trocknen und von den Stiefeln abfallen kann. Der Weg schlängelt sich durch ein Tal, in dem es außer dem Weg noch die alte Straße und die neue Schnellstraße gibt, es wird ein bisschen eng, aber da auf den Straßen nichts los ist, stören sie auch nicht.

Der Río Salado, das ist der mit dem giftigen Wasser, ist heute vor allem breit und reißend, aber es gibt eine schöne Brücke aus der Römerzeit, etwas rechts von dieser Stelle.

Und dann bin ich auch bald in Lorca, wo es ein Geschäft mit Brot, Obst und Käse gibt, und davor einen Kaffeeautomaten. Also ist doch eine kleine Frühstückspause möglich und damit Gelegenheit, die Geschichte vom Rio Salado zu erzählen.

Der hatte im Mittelalter einen hohen Gehalt an irgendwelchen Salzen, so dass sein Wasser für Pferde giftig war. Ob er heute eine andere Zusammensetzung aufweist, oder ob er nur ungefährlich ist, weil keine Pferde vorbeikommen und die Autos ihr Kühlwasser an der Tankstelle nachfüllen, weiß ich nicht.

Tim Moore erwähnt hier weder Fluss noch Brücke, also wohl kein Problem für moderne Esel. Früher jedenfalls haben die Leute aus Lorca hier gewartet bis ein Pilger mit Pferd kam, das Pferd trank und tot umfiel, um dann das Fleisch zu erobern. Da waren sie wohl drauf angewiesen.

Carmen Rohrbach hat in Lorca übernachtet, bei einer Familie. Die haben ihr erzählt, dass sich die Geschichte mit dem giftigen Wasser dann unter den Pilgern herumgesprochen habe. Die Lorcaner hätten dann ihre Frauen mit Strickzeug an den Fluss gesetzt, damit sie den Pilgern weismachen konnten, dies sei noch nicht der Rio Salado. Während die Männer mit gewetzten Messern im Gebüsch warteten[52].

Auf dem Weg nach Villatuerta wird es sonnig und trocken, die Kirche La Asunción ist geschlossen. Davor gibt es einen Brunnen, da stelle ich meinen Rucksack ab und lese die Gebrauchsanweisung.

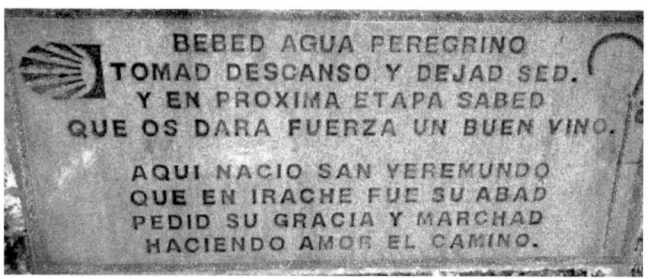

„Trink Wasser und erhole dich, Pilger", steht da. Aber hallo, es geht noch weiter: „Wisse dass dir auf der nächsten Etappe ein guter Wein Kraft geben wird"!

Darunter steht noch, dass hier, also vermutlich nicht im Brunnen, aber im Ort, ein gewisser San Veremundo geboren wurde, der, das weiß man natürlich, später Abt des Klosters Irache war. Und dass ich Liebe machend weiterlaufen soll, aber das kann auch ein Missverständnis sein.

---

[52] Carmen Rohrbach Seite 69/70

Inzwischen erscheint auf dem menschenleeren Platz eine Frau mit einem Schlüsselbund, öffnet mir die Kirche und bedankt sich für meine Besichtigung mit einem Stempel.

Es geht leicht hinauf zur Kapelle San Miguel, die außen einen schönen Rastplatz bietet, innen ist sie leer bis auf ein Kreuz und einen Stein-Altar, der wie auch Teile des Bodens bedeckt ist mit Zetteln, auf denen in allen denkbaren Sprachen Wünsche, Dank und Anderes notiert ist.

Dazwischen steht- eine brennende Kerze, eine richtige Kerze! Und das hier, wo es genug brennbares Material gibt, anders als bei den LEDs von Eunate.

Estella erreicht man über einen Weg, der zwischen einer Fabrik und einer Kleingartenanlage hindurchführt, die Fabrik stinkt nicht mehr, jedenfalls nicht so wie aus früheren Zeiten beschrieben. Und sie stört eigentlich auch nicht. Das bedeutet: der Einmarsch nach Estella gestaltet sich locker und lässt jetzt auch Luft zum Nachdenken. Zum Beispiel über ein Graffiti an einer Hauswand.

Unabhängigkeit und Sozialismus, steht da. Geht das denn? Heißt es nicht Unabhängigkeit oder Sozialismus, bzw. Freiheit oder Sozialismus?

Aber das war, glaube ich, mal ein Wahlslogan der CSU in Bayern zu Zeiten von Franz-Josef Strauß. Das wäre nicht nötig gewesen, denn die Bedrohung Bayerns durch den Sozialismus war immer eher gering.

So komme ich in´s Zentrum, das heißt auf einen Platz unterhalb der Kirche, zur Hälfte gefüllt mit lauten, sich bewegenden einheimischen Kindern, zur anderen Hälfte mit ruhigen, rastenden Pilgern. Den Anstieg zur Kirche spare ich mir, die ist wahrscheinlich eh geschlossen.

Der Weg aus Estella hinaus ist eine Vorübung für später kommende größere Städte: Vierspurige Straßen, die, den gelben Pfeilen folgend, mehrfach überquert werden müssen, Tankstellen, Kreisverkehre, Wohngebiete, dann Matratzen-Outlets und Gartencenter, das Übliche in kleinem Rahmen.

Danach kommt wieder Landschaft, es geht über eine schmale Straße leicht hinauf zum Kloster Irache und zur ersten größeren Enttäuschung.

Es gibt dort, das wusste ich schon aus Internetforen und aus meiner Literatur, einen Brunnen, aus dem nicht nur Wasser, sondern auch Rotwein sprudelt; heute Morgen gab es ja nochmal einen Hinweis darauf.

Ich habe mir den Brunnen immer als ein in freier Landschaft stehendes Bauwerk vorgestellt und plane da eine längere Rast. Kein Weingelage, versteht sich um die Mittagszeit, aber trotzdem.

Was ich beim Näherkommen sehe, ist eine Weinkellerei mit hohen Mauern. So ähnlich habe ich die Brauerei in Erding in Erinnerung, die woher das unerklärlich viele Weißbier kommt.

Der Brunnen sei „schon von weitem zu sehen", schreibt Ulrich Hinse[53]. Nun, es ist so: Wenn man die Mauern der Kellerei erreicht hat, gibt es rechts ein Gitter, hinter dem ein kleiner Innenhof, gesäumt von Weinfabrikgebäuden liegt.

Dort an der Wand gibt es tatsächlich zwei Hähne, einen für Wasser, einen für Wein. Und Video-Überwachung.

---

[53] Ulrich Hinse Seite 72

Wer zu viel trinkt, oder gar was zum Mitnehmen abfüllt, kommt wahrscheinlich hinter das nächste Gitter. Wer dran vorbeiläuft, hat nichts verpasst.

Nach dem Kloster, das liegt hinter der Kellerei, ist eine Entscheidung fällig. Der Hauptweg führt wieder in's Tal, überquert die Schnellstraße und führt dann über Villamayor de Monjardín, 7 Kilometer, Herbergen, nach Los Arcos, nochmal 13 Kilometer.

Ein anderer Weg führt geradeaus weiter, bleibt auf der Höhe und führt nach 16 Kilometern auch nach Los Arcos. Es ist früher Nachmittag, das Wetter wird immer schöner, und so entschließe ich mich für diese Variante. Carmen Rohrbach ist damals die Straße entlang gelaufen[54], deshalb kam sie auch nicht nach Los Arcos, das liegt abseits dieser Straße.

Ein wirklich schöner Weg. Kleine Pfade durch den Wald, dann ein Feldweg in der Sonne, leichte Hügel, abwechslungsreich, schöner Ausblick auf Villamajor rechts unten und den Bergkegel mit einer Templerburg dahinter. Da bestimmt nicht das noch ferne Ziel das Tempo, sondern der Genuss.

Irgendwann komme ich dann auf eine Bergkuppe und sehe eine weite, grüne Ebene vor mir. Eine Ebene ohne jede Ortschaft, am Horizont ein Wäldchen. Wo zum … ist Los Arcos?

Die Erkenntnis am schon späteren Nachmittag: Es kann nur hinter dem Wäldchen, das bedeutet hinter dem Horizont sein. Also Tempo. Immerhin geht es bergab, ein kleines Dorf bietet einen Brunnen, sonst nichts, oder doch: Ein Schild mit dem Hinweis dass es bis Los Arcos noch 10 Kilometer seien. Es zieht sich.

---

[54] Carmen Rohrbach Seite 75

Auf ebenen Feldwegen durch ebene Felder, das Wäldchen kommt näher. Es geht links um die Ecke, Wäldchen vorbei, immer noch keine Häuser zu sehen. Ich schleppe mich inzwischen ziemlich mühsam vorwärts. Immerhin mache ich mir keine Sorgen, ein Quartier zu finden, die Erfahrung mit den „Completos" fehlt mir noch. Irgendwann kommen dann ein paar landwirtschaftliche Gebäude in Sicht und in einer Senke liegt dann das Ziel. Deutlich größer als erwartet.

Nahe der Kirche und dem Zentrum sehe ich die erste Herberge. Nichts wie rein. Der Wirt sieht mir wohl zwei Dinge an: Dass ich erschöpft bin, soviel verstehe ich auch. Und dass ich bereit bin, für ein Zimmer etwas mehr zu bezahlen als für ein Bett im Massenlager, woher er das weiß, muss ich jetzt auch nicht mehr verstehen. Er packt meinen Rucksack und trägt ihn vor mir her in den dritten Stock – eine gute Initiative.

Auch nach etwas Ausruhen und Duschen bin ich heute nur noch in der Lage, mich in kleinen Trippelschritten fortzubewegen, jeder Muskel schmerzt. Gut, dass die Kirche und vor allem, entschuldige Santiago, die Kneipen mit Pilgermenue und cañas nur ein paar Schritte entfernt sind.

Es ist inzwischen neun Uhr abends, da gehen auch die Spanier zum Essen, also passt alles. Vom Tageslicht her ist es aber erst sieben, und deshalb behaupte ich später vor dem Einschlafen nochmal: Die Spanier essen nicht später als wir auch, sie haben nur die falsche Zeitzone.

# 9 Los Arcos

Am nächsten Morgen weckt mich ein Geräusch, das ich eigentlich nicht brauche: Es regnet. Nun, damit war irgendwann zu rechnen, was soll's. Meine Jacke ist wasserdicht und meine Hose schnelltrocknend, meine Stiefel über jeden Zweifel und jede Pfütze erhaben. Mein Rucksack hat eine Regenhülle. Jacke und Hose sind auch UV-abweisend, wofür auch immer das gut sein soll. Irgendwas habe ich vergessen, ich bin sicher, ich komme noch drauf.

Heute habe ich relativ wenig vor, ich will bis Viana. Das sind nur 19 Kilometer und soll nach den 35 von gestern genügen. Das nächste Ziel hinter Viana wäre Logroño, nochmal 11 Kilometer, das muss nicht sein.

Der Regen ist gnädig, er kommt von oben, was auf dem Jakobsweg keineswegs selbstverständlich ist. Nachdem ich noch meinen oben nicht erwähnten, vergessenen Hut aus dem Rucksack gefaltet habe, ist die Situation erträglich, wenn auch mangels Fernsicht auf Landschaft, gleichförmigem Bewuchs der Ebene und schnurgeradem Weg etwas langweilig. Auf den nächsten sieben Kilometern ändert sich da nichts.

Nach knapp zwei Stunden komme ich in den kleinen Ort Sansol. Die Kirche dort ist zu, hat aber einen überdachten Vorplatz, also eine gute Gelegenheit, den Rucksack abzustellen und eine Pfeife zu rauchen. Die Pause kann ich prima nutzen, um über das Rauchen zu sprechen.

Ich habe nie Zigaretten geraucht, immer nur Pfeife. Das ist was für entspannte, gemütliche Situationen. Das Ritual des Stopfens, Anzündens und Rauchens hilft, zur Ruhe zu kommen und Gedanken zu ordnen. Was also eigentlich gar nicht passt, ist Pfeife rauchen in unpassender Umgebung, vor der Tür, auf dem kalten Balkon anstatt am warmen Kaminfeuer und so weiter.

Ich bin auch durchaus der Meinung, dass Raucher, auch Zigarettenraucher, früher deutlich entspannter und auch produktiver waren als heute die gestressten Nichtraucher. Oder kann sich jemand wirklich vorstellen, dass im Jahr 1963, Sturmflut in Hamburg, der damalige Innensenator und spätere Bundeskanzler Helmut Schmidt im Krisenstab seine bewundernswerte

Leistung so gebracht hätte wie er das getan hat, hätte er zum Rauchen auf die Terrasse gehen müssen?

In den Amtsstuben, ja an den Ratstischen unserer Republik wurden von Rauchern früher bessere Entscheidungen getroffen als heute von immer etwas gezwungen anmutenden Nichtrauchern. Ok, ich sollte es nicht übertreiben, sie haben ja Recht.

Trotzdem: Die Frage der artgerechten Haltung von Rauchern ist meiner Meinung nach ein in unserer Gesellschaft sträflich vernachlässigtes Problem.

Wir haben in Donaueschingen eine Einrichtung, in der Jugendliche, die sich mit der Berufswahl etwas schwer tun, fortgebildet und fit gemacht werden. Die dürfen zum Rauchen raus zwischen die Mülltonnen. Das kann nichts werden!

Aber es gibt natürlich auch einzelne positive Lösungen. Zum Beispiel in Hinterzarten, da hat ein Restaurant den schönen, alten Raum mit Kachelofen und Stammtisch zum Raucherbereich erklärt, der angebaute, neue Glaskasten ist für die Nichtraucher.

Und dann gibt es noch den schönen Effekt, dass bei Veranstaltungen die wichtigsten Gespräche, manchmal auch die interessantesten Flirts,  nicht mehr im Saal stattfinden, sondern bei den Rauchern vor der Tür, aber das wollte ich den Nichtrauchern eigentlich nicht verraten.

Ich fürchte, das Foto aus dem National Geographic, das einen Kapitän der DGzRS[55] bei der Arbeit auf der Brücke eines Seenot-Rettungskreuzers mit Pfeife im Mund zeigt, und das im Jahr 2015[56], ist noch kein Signal einer Trendwende.


Neben der Kirche sehe ich über eine Mauer auf das nächste, nur einen halben Kilometer entfernte, von Sansol aber durch ein Tal getrennte Dorf Torres del Rio.

---

[55] Deutsche Gesellschaft zur Rettung Schiffbrüchiger
[56] National Geographic Deutschland, Ausgabe Juni 2015, Seite 48

Torres del Río ist bekannt durch eine achteckige Kirche, also wohl Templerwerk, ähnlich wie Eunate, nur eben im Dorf, und verschlossen.

*Blick von Sansol auf Torres del Río*

*Auf dem Weg nach Viana*

Das Bemerkenswerte an Torres del Rio bleibt so die Tatsache, dass es aufhört zu regnen und der weitere Weg durch schöne Ausblicke auf Weinberge rechts und hügelige Kleinfelder-Landwirtschaft links aufgelockert wird.

Aber man soll den Camino nicht vor dem Ziel loben. Die letzten zweieinhalb Kilometer nach Viana laufen die Pilger auf der Straße. Dafür scheint jetzt die Sonne.

Viana begrüßt mich als Entschädigung nicht mit irgendwelchen lästigen Vororten oder Gewerbegebieten, es geht schnell in die Altstadt mit vielen engen und schattigen Gassen. Wenn ich Blasenpflaster bräuchte, dann wäre ich auch fündig: Es gibt einen Schlecker-Drogeriemarkt!

Es ist mir in diesem Moment natürlich schnuppe, aber ich liefere die Erklärung, bevor ich es vergesse: Nach der Insolvenz von Schlecker hat der spanische Dia-Konzern die knapp 1200 Filialen in Spanien und Portugal gekauft und betreibt sie unter dem Namen Schlecker weiter. Ich kann mir auch erklären, warum das funktioniert. Es fehlt die Konkurrenz irgendwelcher Supermärkte, nicht nur hier im relativ kleinen Viana, auch später im großen Sahagún ist das so. Also, Leute: wer Schlecker vermisst, auf nach Spanien. Aber nicht vergessen, dass mittags von zwölf bis fünf zu ist!

Natürlich gibt es auch eine Kirche, diesmal eine offene. Das einzig spektakuläre, woran ich mich erinnere, ist das Grab von Cesar Borgia, der wie viele spanischer Größen ein Feldherr und Kirchenfürst war, außerdem, aber da kann er nichts dafür, ein unehelicher Papstsohn. Na ja, eheliche Papstsöhne gibt es ja nicht.

Jedenfalls wurde er zunächst in der Kirche bestattet, später dann ausquartiert und quer vor der Eingangstür beerdigt, sozusagen als Fußabtreter. Was er nach seinem Tod noch ausgefressen hat, damit das passiert ist, weiß ich nicht.

Vor seinem Tod war er, neben oder in den oben genannten Funktionen, ein großer Bösewicht, sehr drastisch beschrieben bei Tim Moore: „Die Borgias waren die Bond-Bösewichte der europäischen Renaissance, und Cesare war der ultimative Blofeld"[57]. Und so weiter.

---

[57] Tim Moore Seite 141

Ulrich Hinse erklärt mir die Geschichte mit der Umbettung: „[Cesare Borgia]… wurde vor der Stadt erschlagen. Man beerdigte ihn erst in der Kirche, wie es einem Kardinal zukam.

Später buddelten ihn die Bürger von Viana wieder aus und begruben ihn direkt vor dem Haupteingang… Hintergründiger konnte man keinen beerdigen"[58].

Herbergen gibt es viele, und eine neue Variante: eine Familie mit einem dreistöckigen Haus vermietet in der oberen Drei-Zimmer-Wohnung fünf Betten an Pilger, die Küche ist Gemeinschaftsraum. Das ist doch mal eine gute Geschäftsidee!

Na ja, vielleicht auch nicht. Ich bin heute der einzige Gast, und die Renovierung der Wohnung muss sündhaft teuer gewesen sein. Alles vom Feinsten, zwei Bäder, komplett eingerichtete Küche. Da sollten in den nächsten Jahren noch ein paar Pilger hier übernachten!

---

[58] Ulrich Hinse Seite 77

Dazu kommt eine gute Aussicht auf den nächsten Tag, mit Blick nach Westen Richtung Logroño. Es gibt nur ein kleines Industriegebiet.

Wäre das Bild größer, dann könnten sie sehen, dass auf der Fabrik links das Logo eines deutschen Herstellers von Streichkäse mit fünf Buchstaben prangt.

Wenn ich die dunklen Wolken wegdenke, kann das morgen ein schöner und interessanter Tag werden!

## 10 Viana

Sie haben es inzwischen sicher bemerkt: Meine Kapitel-Namen sind immer die Namen der Ausgangspunkte eines Tages. Das hat sich vom Anfang her so ergeben, und so ist es jetzt halt. Ich kann mir vorstellen, dass ich am Schluss ein Problem mit diesem System bekomme, aber bis dahin ist ja noch Zeit.

Also, das Kapitel Viana beginnt in Viana, aber Viana kam schon im vorherigen Kapitel vor, alles klar?

Die ersten neun Kilometer heute Richtung Logroño sind unspektakulär. Links vom Weg läge ein naturgeschütztes Feuchtgebiet, ein Vogelschutzgebiet, sagt der Führer[59]. Der Weg lässt es links liegen. Über die Schnellstraße, auf der Ulrich Hinse Slalom zwischen LKWs lief[60], führt eine Fußgängerbrücke.

Dann käme die nächste Großstadt, Logrogño. Theoretisch bzw. historisch. Reell kommt ein Autobahnring um Logroño.

Nur Autobahnen mit Kreuzungen und Ausfahr-Schleifen sind ein größeres Hindernis für Fußgänger als Kreisverkehre. Es wäre mal interessant, zu ermitteln um wieviel Kilometer der Camino in den letzten hundert Jahren deshalb länger geworden ist.

Gut, die Kreisverkehre kann man abkürzen, im Zweifel geradeaus drüber. Bei den Autobahnen empfiehlt sich ein derartig gestalteter Vormarsch nicht. Die Autobahn-Überwindungs-Variante Logroño Ost heißt unten durch und dann an der Autobahn entlang. Später schwenkt der Weg links von der Autobahn weg, dafür geht es einen Berg hoch, nicht wirklich schlimm, aber zum falschen Zeitpunkt. Schikane vor Stadt und Frühstück.

Der Berg, auf dem Ulrich Hinse sich umdreht und zurückblickt, „obwohl es unter Pilgern verpönt war, sich umzusehen"[61]. Das habe ich sonst nie gehört oder gelesen, und ich habe mich oft umgedreht. Es gibt sogar Bilder

---

[59] ADAC Wanderführer Seite 65
[60] Ulrich Hinse Seite 86
[61] Ulrich Hinse Seite 90

davon, zum Beispiel einen Blick zurück auf Burgos oder auf die bemerkenswerten Stadtmauern von Mansilla de las Mulas. Zurückblicken ist Bestätigung für Erreichtes und gibt Kraft zum Nach-Vorne-Sehen!

Es ist auch die Gegend, wo früher Doña Felisa wartete, um die Pilger je nach Bedarf mit Feigen, Getränken, Stempeln und Liebe zu versorgen. Sie ist leider gestorben, und bei der Nachbarin, die jetzt wartet, gibt es nur Kaffee und Stempel.

Der große schwarze Fleck am Wegrand im Schatten ist ihr Hund. Schläft im Schatten, kluges Tier.

Mein lieber Hape Kerkeling: Das Haus von Doña Felisa liegt nicht auf der Anhöhe[62], sondern am Abstieg von der Höhe nach Logroño!

Und weil mir damit gerade eine Ungereimtheit bei meinen literarischen Wegbegleitern auffällt, gleich noch eine: Bei Ulrich Hinse gibt es „südlich

---

[62] Hape Kerkeling Seite 65

von Logroño" einen „Canon des Rio Lobos"[63]. Die Geschichte mit der geheimnisvollen Templerkirche ist ja nett, aber geographisch kreativ angesiedelt, kann das sein? Und dass die Templer ein Bauwerk an einer Linie errichteten, die „in Richtung magnetischer Nordpol verläuft"- Hä? Der magnetische Nordpol verschiebt sich ständig!

Vielleicht habe ich da einen Lösungsansatz für die Suche nach dem Templerschatz gefunden. Mal sehen, wenn Ulrich Hinse den bis zum Ende seines Buchs nicht findet, dann könnte ich mal in dieser Richtung weiter recherchieren.

Ansonsten würde hier das Zitat: „Moment mal!", rief Peter. „Was zum Teufel haben denn jetzt die Templer damit zu tun? Habe ich was verpasst?" gut passen, aber das ist aus einem ganz anderen Buch und hat mit dem Jakobsweg rein gar nichts zu tun[64].


Vor Logroño gilt es den Ebro zu überqueren, der einzige große Fluss auf dem Weg. Es gibt eine Brücke, und dazu den ersten Berufspilger. Ein Deutscher. Ich reagiere nicht schnell genug, um ihm mit ein paar russischen Sätzen die Lust auf ein Gespräch zu vermiesen.

Er sei vor drei Wochen in den Pyrenäen fast im Schnee umgekommen, aber jetzt sei er hier, nur seine Kreditkarte habe im Schneesturm leider einen Knick bekommen. Klar, was er will, kriegt er aber nicht.


Die Kathedrale von Logroño ist von außen eher unspektakulär, glattes Mauerwerk zum größten Teil, innen gibt es ein paar interessante Bilder. Eines, auf dem sich mehrere Personen vor einem (halbierten?) Toten die Nasen zuhalten. Dahinter steckt bestimmt eine interessante Geschichte, aber welche?

Es gibt auch eine Darstellung von Josef mit Jesus, das habe ich noch nie gesehen. Maria, die Jungfrau aus Erkorn, wird ja nun hinlänglich verehrt.

---

[63] Ulrich Hinse Seite 169-170
[64] Apocalypsis I, Mario Giordano, Lübbe Webnovel in der Bastei Lübbe GmbH & Co. KG, Köln 2011, Seite 156

Aber was ist mit Josef, man erinnert sich, der Mann an der Krippe in Bethlehem, also der schon da war bevor die Hirten oder gar die drei Könige kamen?

Maria ist nach ihrer Himmelfahrt ja weit in der Welt rumgekommen. Sie war in Marpingen, Dietrichswalde, Fatima, Guadalupe, Notre Dame de Laus, Medugorie, Lourdes, Niklashausen, Soufanieh und Wigratzbad, um nur einige zu nennen.

Aber Josef- was ist aus dem geworden? Wie hat er sich denn gefühlt nach der Geburt seines äh- Stiefsohns? Von Gott verarsch... äh, geehrt? Oder erleichtert, weil er nicht alles selber machen musste? Wie haben denn die

Kumpel am Stammtisch in Bethlehem reagiert als Joseph zum Cego[65] kam? Haben sie ihn bewundert, anerkannt oder doch eher verlacht, derbleckt?[66]

Nun, ganz so schlimm ist es nicht. Er ist immerhin ein Heiliger und es gibt einen Gedenktag, der 19. März, das ist der Tag, an dem die Bauern anfangen die Felder zu bestellen. Davon dürfte er allerdings zu Lebzeiten nicht viel gehabt haben.

Er wird Nährvater Jesu genannt, nicht etwa Stiefvater, damit hat er eine im Familienrecht einmalige Stellung. Ansonsten hat er wohl nach Jesu Geburt weiter als Zimmermann gearbeitet, mal ein paar Jahre in Ägypten gelebt und ist früh gestorben, vor Jesus und vor Maria[67].

Wie bitte? Maria ist doch nicht gestorben, sondern in den Himmel gereist!

Bevor ich jetzt gar nicht mehr durchblicke, erblicke ich gegenüber der Kathedrale eine Bar. Die zeichnet sich durch hervorragende Bocadillos uevo/jamon aus. In den beginnenden Regen mischen sich etwas festere und weiße Tropfen, ich kenne das von zuhause als Schnee, aber ich bin ja in Spanien, es müssen also irgendwelche Blüten sein.

Der Weg aus der Stadt hinaus ist geschickt durch Parkanlagen geführt, angenehm. Die Autobahn wird kurzerhand überquert, und der Rest des Vormittags heißt Naherholungsgebiet. Stausee, Spielplätze, Jogger, Griller.

Irgendwas habe ich in Logroño verpasst, aber darauf werde ich erst später kommen. Wenn sie mir folgen und nicht möchten, dass es ihnen genauso geht, dürfen sie jetzt kurz auf Seite 223 spicken.


Was es immer wieder in großer Zahl gibt am Wegrand sind Kreuze, so auch hier. Und natürlich die Jakobsmuschel, zur Abwechslung mal eine Version aus Mülltüten an einer Müllhalde.

---

[65] Badisches Kartenspiel. Das gab es damals eher noch nicht, aber sicher etwas Ähnliches.
[66] Bayrisch: verlacht.
[67] Dr. Alois Cigok, Der Heilige Josef. Ein Erbauungs- und Andachtsbuch, Klagenfurt 1896, S. 1-26. Zitiert nach:
http://karmelblumen.wordpress.com/2013/05/21/das-leben-des-heiligen-josef/

Nach den Regeln des badischen Himmelreich-Jakobus-Weges aus Kapitel 2 allerdings verkehrt rum, denn der Weg führt nach rechts weiter. Nur nicht ablenken lassen, hier gelten deutsche Verkehrsregeln nicht.

Die Autobahn sieht man links noch, aber man hört sie nicht mehr. Der Regen treibt keine Blüten mehrt vor sich her. So kann es weitergehen.

Navarrete hat einen Berg, der Berg eine Aussicht, auf höhere Berge. Das was da oben weiß ist, ist eindeutig Schnee. Also doch!

Und die Kirche, hier von Norden, sieht von Süden deutlich eindrucksvoller aus.

Neben der Kirche gibt es eine Bar, ein kleiner Gastraum vor der Theke, gute Tapas. Heute weiß ich, dass das, was um halb neun passiert, kein Einzelfall für spanische Bars mit kleinem Gastraum vor der Theke ist.

Eine unscheinbare Türe wird geöffnet, dahinter tut sich ein großer Speisesaal auf- der Comedor. Weil diese Bar von Italienern betrieben wird, gibt es heute Pilgermenue italienisch.

In Gesellschaft eines Schweizer, genauer eines Berner Ehepaars. Die sind von zuhause gestartet, also nicht letzte Woche, sondern vor ein paar Jahren, sie gehen jedes Jahr zwei Wochen. Mit der richtigen oder landestypischen Einstellung: „Heute sind wir um zehn los. Morgen gehen wir dann etwas später, oder?"

Ich habe die Beiden nie wiedergesehen.

Ach ja, das Kreuz vorhin, haben sie es bemerkt? Das war keines, sondern ein alter Mast einer Stromleitung.


Abends wird der Wind, der durch die engen Gassen pfeift, schlagartig deutlich kälter. Aha, eine Kaltfront aus Westen. Mit etwas Glück und wenn sie sich beeilt, ist sie morgen früh durch.

## 11 Navarrete

Die Kaltfront hat sich nicht beeilt. Es regnet, und diesmal nicht von oben, sondern von vorne. Das liegt an einem scharfen und kalten Gegenwind. Trotzdem sehe ich tapfere Pilger nach Westen aufbrechen und niemand, der zur Bushaltestelle läuft. Ich würde mich gerne mit meinen Teleskopstöcken gegen den Wind stemmen und sie als Hilfsmotor benutzen, aber ich brauche eine Hand, um meine Kapuze zu- und festzuhalten, die andere Hand muss zum Wärmen in die Hosentasche. Immer schön abwechselnd. Mein Hut hat sich als weder wasserdicht noch schnelltrocknend erwiesen, außerdem habe ich ihn in Navarrete vergessen. Auf dem Trockengestell.

Auf die acht Kilometer bis Ventosa kommen einige Handwechsel, aber kein Wetterwechsel. Es geht zwei Stunden lang leicht bergauf, von der Gegend sehr ich nicht viel, ich laufe gesenkten Hauptes.

Die Bar in Ventosa ist gut geheizt, die nassen, aber beim Kaffee trocknenden Pilger sind alle guter Dinge. Die haben die Wetterkarte in der Zeitung, die dort liegt, nicht angeschaut.

Beim Verlassen der Bar hat es aufgehört zu regnen, es bleibt der kalte Gegenwind. Nach Nájera, wieder etwas größer, sind es noch zehn Kilometer. Es regnet nicht immer, bevor die Nässe meiner Hose das Smartphone in der Seitentasche erreicht, kommt die Schnelltrocken-Funktion zum Tragen.

Deshalb bin ich auch gar nicht versucht, dem Tipp auf einer Mauer, die irgendwas Schlimmes vor den Pilgerblicken verbirgt, zu folgen. Außerdem fehlt da die Vorwahlnummer, oder?

Nájera bietet eine Menge Kultur, aber heute interessiert mich erst mal nur die Wärme und Trockenheit einer Bar sowie die Nahr- und Schmackhaftigkeit deren Tapas.

Dabei verweile ich etwas länger, denn Ulrich Hinse droht hinter Nájera mal wieder mit mehreren steilen und langen Anstiegen[68], da muss ich mich so

---

[68] Ulrich Hinse Seite 99

richtig stärken. In der Kirche, sagt er, gibt es einen „Altar aus vergoldetem Silber"[69]. Das kommt mir, wenn es denn so stimmt, etwas seltsam vor.

*Einmarsch nach Nájera*

Ich glaube, ich sollte mal einen gewissen Relaunch bezüglich meiner literarischen Wegbegleiter machen.

Also, verehrte Shirley MacLaine: Mit ihrem „Ich wanderte durch San Juan de Ortega, die Stadt Burgos, Castrogeriz, Frómista, Carrión de los Condes und immer weiter bis nach Sahagún…"[70] kann ich nicht mithalten. Vielleicht treffen wir uns hinter Sahagún nochmal, also eher nicht in diesem Buch.

Ich lasse dafür noch die baskische Autorin Toti Lezea[71] mitlaufen. Nein, Mitlaufen ist hier der falsche Ausdruck. Frau Lezea läuft nämlich nicht, sie beschreibt die Erlebnisse eines Holzbildhauers im 13. Jahrhundert, erzählt

---

[69] Ulrich Hinse Seite 93
[70] Shirley MacLaine Seite 139
[71] **Das Geheimnis von Santiago**, Toti Lezea, Fischer E-Books

von einem mörderischen Mönch, einem jüdischen Arzt und einem arabischen Apotheker.

Die beiden letztgenannten sind irgendwann befreundet, die Kathedralen von Burgos und León im Bau und alles ist ein spannender Hintergrund zum Jakobsweg.

Das Buch konfrontiert mich mit der Frage nach dem Judentum in Spanien, das Kapitel 2 heißt „Der Jude aus Nájera", und dann ist da noch ein Aspekt, der mich fasziniert: Das Gänsespiel. Die Frage, ob dieses Spiel irgendwie mit dem Jakobsweg verknüpft ist.

Sagen sie jetzt nicht, sie würden das Gänsespiel nicht kennen. Das gibt es seit Jahrhunderten und in vielen Kulturen, es war früher ein Spiel an den Königshäusern, auch ein Glücksspiel, erst in unserer Zeit ist es zum Kinderspiel geworden.

Der Spielplan zeigt in allen Varianten, von denen es viele gibt, eine Spirale mit 63 Feldern, es gibt Spielfiguren, meist Gänse, und Würfel. Wer seine Gans zuerst auf Feld 63 würfelt, hat gewonnen. Damit das nicht zu einfach oder langweilig wird, gibt es Felder, auf denen irgendwas passiert, wie nochmal würfeln dürfen, die gewürfelte Augenzahl nochmal weiter ziehen, oder auch die gewürfelte Augenzahl zurückziehen.

Es gibt immer ein Feld mit einer Brücke, einer Herberge, einem Gefängnis und eines mit dem Tod oder mit einem Fuchs, was für eine Gans auf das gleiche hinausläuft. In Kinderversionen heißt dieses Feld auch mal Schlafmütze. Man muss, wenn man auf dieses Feld kommt, neu beginnen.

In allen Versionen gleich ist, dass bestimmte Felder das Bild einer Gans zeigen. Und die Frage, der Toti Lezeas Helden nachgehen, heißt: Sind diese Felder irgendwie mit dem Jakobsweg verknüpft, weisen sie vielleicht auf einen verborgenen Schatz hin? Ist doch klar, dass mir das gefällt!

Das ist aber keine Einzeltheorie, auch im Prospekt der Touristeninfo Logroño gibt es einen Absatz, der „Das Gänsespiel, der Templerorden und der Jakobsweg"[72] heißt. Für Interessierte: Anstatt die Fußnote abzutippen, ist es einfacher, „Logrono Gänsespiel" in eine Suchmaschine einzugeben.

Bei Toti Lezea gibt es einen Spielplan, schon auf dem Titelbild, allerdings sind die Bilder nur schlecht zu erkennen, und eine Zuordnung der Felder zu den Orten des Weges, im Anhang[73].

Unser Spielzeug-Fachhandel vertreibt für 7.95 Euro eine Spielesammlung, in der tatsächlich auch ein Gänsespielplan enthalten ist, aber ohne die geringste Anleitung, das kann man getrost vergessen. Ich habe eine Version im Internet gefunden und gekauft, mit sehr schönen Gänsefiguren und netten Bildern, natürlich ohne Bezug zum Camino, aber die Kernfelder stimmen, also die Gänse, die Brücken, Herberge, Gefängnis und Tod[74]. Es gibt aber auch eine Version des Spiels, die sich ausdrücklich als dem Camino zugeordnet, nur dass die Figuren da keine Gänse, sondern Pilger sind... na ja[75].

Gänse sind Pilger, Pilger sind Gänse. Irgendwie ist mir in dieser Version die Zuordnung der Felder zu den Orten des Camino zu genau, von 1 = St. Jean-Pied-de-Port bis 63 = Kathedrale von Santiago, das ist ein Neuzeit-Tourismus-Produkt.

Ich halte mich also an Toti Lezea, da gibt es nämlich ein Feld 64, und das macht die Sache doch noch interessanter.

Hier in Nájera bin ich demnach auf dem Gänsefeld 9 angekommen.


Aber erst mal weiter. Die Sache mit dem vergoldeten Silberaltar bleibt ungeklärt, denn, ja sie ahnen richtig, die Kirche war verschlossen.

---

[72] http://www.logroño.es/wps/wcm/connect/9326f88040a2f07486acbfe9431393 d2/guia_aleman.pdf?MOD=AJPERES&CONVERT_TO=url&CACHEID=932 6f88040a2f07486acbfe9431393d2   Seite 9
[73] Toti Lezea Seite 348
[74] Gänsespiel. Bookmark-Verlag, Meckenheim
[75] http://www.eljuegodelaocadelcaminodesantiago.es/de/produkt/das-gansespiel-mit-motiven-des-jakobsweges/

Nach der Stadt geht es durch einen Kiefernwald leicht aufwärts (leicht, Herr Hinse!), danach beginnt die zentrale Hochebene der Rioja, nicht mehr einzelne Weinberge oder Reben, sondern eine ausgedehnte ebene Rebfläche, durchzogen von Bewässerungskanälen in Form aufgestelzter Betonrinnen. Das ist aber schöner als es klingt, zumal der Regen vorübergehend aufhört.

Der Weg mündet in eine Asphaltstraße, und die irgendwann in das Dorf Azofra. Das größte Gebäude dort ist die kommunale Pilgerherberge, die 60 Zimmer mit je nur zwei Betten verspricht, was auch tatsächlich stimmt. Dazu einen großen Gemeinschaftsraum mit Küche, alles nur wenig belegt (so 15 Pilger etwa), es passt. Und es regnet wieder. Der Innenhof der Herberge verbreitet Traurigkeit.

Im Dorf gibt es wenig zu sehen, mir fällt eigentlich nur auf, dass auf der Kirche, dort wo üblicherweise Glocken hängen, große Lautsprecher nach allen Seiten installiert sind.

Ein Relikt aus der Zeit, als die Kirche eine Moschee war, falls das mal so gewesen sein sollte? Viele Kirchen waren mal Moscheen oder Synagogen. Aber gab es damals schon Lautsprecher? Oder habe ich schon wieder was verpasst?

Also wieder zurück in die Herberge. Dort gibt es ein Regal mit Büchern, darunter ein besonderes: Ein Traktat mit dem Titel: „Hercolobus o Planeta rojo"[76].

Nie gehört? Ich auch nicht. 50 Seiten, große Schrift; einen Versuch wert zu probieren, ob ich Spanisch lesen kann!

---

[76] Hercólobus o Planeta rojo, von V.M.Rabolú, Asociación Alcione, Apartado de Correos 4, 09080 Burgos

Wir nähern uns wieder mal dem Thema Esoterik, und diesmal wird es ernst.

„Esoterik (von griechisch ἐσωτερικός *esōterikós* ‚innerlich‘, ‚dem inneren Bereich zugehörig‘) ist in der ursprünglichen Bedeutung des Begriffs eine philosophische Lehre, die nur für einen begrenzten „inneren" Personenkreis zugänglich ist", so erklärt Wikipedia den Begriff[77], und ich gehöre sicher nicht zum inneren Personenkreis.

Dass der Jakobsweg und die Pilgerei allerlei Esoteriker auf den Plan rufen, mag ja verständlich sein. Und ist zum Teil lustig, zum Teil interessant, oft auch eher peinlich. Schlimm ist es, wenn offensichtlicher Schwachsinn verbreitet wird.

Also: es gibt in unserem Sonnensystem einen Planeten, eben den Hercolobus, der ist rot und riesig, fünf- oder sechsmal größer als Jupiter, und „es gibt nichts was ihn von seiner Umlaufbahn abbringen könnte".

Aber trotzdem, versichert uns der Autor, wird er irgendwann die Erde treffen und vernichten. Wann, sagt er uns nicht, aber alle Wissenschaftler, die seine Existenz bestreiten oder seine Vernichtung planen, sind offenbar ignorante Idioten. Ich glaube allerdings eher, dass Wissenschaftler sich gar nicht mit dem großen Roten beschäftigen.

Bis dahin ist das eine Weltuntergangsprophezeihung wie viele andere, die bekanntlich nicht eingetreten sind. Die bisher letzte war der Weltuntergang am 21.12.2012, weil da der Maja-Kalender endet; ich habe nie daran geglaubt, denn ich habe einen Datumsstempel von Otto Office, und der geht bis zum 31.12.2027, das nur nebenbei.

Der Hercolobus bietet allerdings noch mehr: Er ist natürlich bewohnt, ebenso wie Mars und Venus, die jeweiligen Bewohner werden genau beschrieben, aber das lesen sie selber, wenn sie wollen; das Werk kann bei der Adresse in der Fußnote bestellt werden.

Ein paar Tage später, in der Herberge in Burgos, liegt das Büchlein dann auch auf Deutsch aus. Ich habe mich nicht geirrt. Offenbar hat die Verbreitung dieses Traktats System, und die Herbergen, also die kirchlichen und kommunalen, machen brav mit.

---

[77] http://de.wikipedia.org/wiki/Esoterik

Das heißt, der korrekte Pilger muss auch daran glauben – oder?

Andererseits sollte ich vielleicht mit den Leuten, die das Anbieten solchen Schwachsinns erlauben, nicht zu streng sein. Schließlich schaltet auch eine unserer Donaueschinger Tageszeitungen in ihrem Internet-Angebot Anzeigen eines Mannes, der den Untergang der Weltwirtschaft für die nächste Woche ankündigt, und das seit Monaten.

Caballos en un prado de Cameros que amaneció ayer cubierto de una fina capa de nieve. / SONIA TERCERO

**Vuelve a ser invierno en abril**

Ich greife lieber zur aktuellen Tageszeitung. Das hätte ich lassen sollen.

Es wird wieder Winter im April. Na Klasse.

## 12 Azofra

Heute steht ein gewisser Höhepunkt bevor, die Stadt Santo Domingo de la Calzada. Warum das? Nicht drängeln, ich erkläre es gleich.

Bis dahin sind es 15 Kilometer, und danach schau ich mal. Auf dem Weg gibt es einen Rastplatz, so mit Bänken und Tischen, und mit einem Schild, das mir neu ist und mich zum Denken bringt.

Was gemeint ist, das ist klar und eindeutig, auch wenn man weder Spanisch noch Englisch kann. Aber ich sehe das, wie gesagt, zum ersten Mal, und so stellt sich doch die Frage: Wenn das hier verboten ist, sonst aber nicht, ist es dann überall anderswo erlaubt? Oder nur auf Rastplätzen? So viele Fragen am frühen Morgen. Gut, dass ich das Verbotene schon in der Herberge erledigt habe, so bleibt mir eine Entscheidung erspart.

Es folgt Cirueña. „Im Dorf gibt es einen Brunnen", sagt der Führer. Und 126 Einwohner. Sonst sagt er nichts[78].

---

[78] Joan Fiol Boada Seite 93

Vor dem Dorf, das konnte der Führer noch nicht wissen, gibt es einen Golf-platz. Ohne Golfer, aber mit vielen Elektrokarren. Ob es wohl in Santiago Punktabzüge gibt, wenn man mit einem geklauten Golfkarren ankommt?

Und es gibt eine neu gebaute Kleinstadt mit Wohnblocks, Reihenhäusern, Schwimmbad; mit Straßen und Plätzen, aber fast ohne Bewohner. Ich schätze 90% Leerstand. Entsprechend viele „Zu verkaufen"-Schilder. Leere Straßen, abgesehen von einzelnen Pilgern, die einen seltsamen Kontrast zu der Geisterstadt geben. Immerhin haben die Häuser an entscheidenden Stellen schöne Kacheln mit Jakobsmuschel und gelbem Pfeil eingebaut. Es ist ein grotesker falscher Film, aber nach einer halben Stunde auch vorbei.

Ich habe später zu Hause im Internet nach Häusern oder Wohnungen in Cirueña gesucht. Gibt leider keine, sagen die spanischen Makler. Bis auf eine Wohnung mit herrlicher Aussicht auf eine Betonburg. Der Film wird nicht besser.

Das Dorf dahinter bietet dafür außer einem Brunnen auch eine Bar. Ach übrigens, es regnet heute nicht. Und es schneit auch nicht.

Carmen Rohrbach kam nicht nach Cirueña. Nicht, weil sie der Golfplatz gestört hätte, den gab es seinerzeit ja noch nicht. Sie trifft in der Kirche in Azofra, das war die mit den Lautsprecherglocken, die bei meinem Besuch zu war, den örtlichen Pfarrer und kommt mit ihm in´s Gespräch. Sie outet sich als ungläubig, der Pfarrer ist logischerweise gläubig, und er empfiehlt ihr einen Umweg nach Süden zu den Klöstern San Millán de Suso und San Millán de Yuso bei San Millán de la Cogolla[79]. 20 Kilometer Umweg seien das. Mein Führer erwähnt das auch, mit 15 Kilometern, ich hatte es gestern nicht beachtet.

Carmen Rohrbachs Schilderung ihrer Eindrücke und Erlebnisse auf diesem Umweg ist für mich das eindrucksvollste Kapitel in ihrem Buch.

Ihre Wanderung zurück zur Hauptstrecke des Wegs ist nochmal 20 Kilometer lang, minus der Strecke, die man von Azofra aus sowieso laufen muss, ein Umweg von 30 Kilometern, also ein voller Tag.

Weil es keinen Sinn macht, diesen Umweg nur zu laufen, man muss die Ziele ja auch anschauen, oder besser erleben, gibt es einen Umweg von zwei Tagen. So was zu tun wäre vermutlich sinnvoller, als nur möglichst schnell nach Santiago zu rennen. Weg vom Weg, das bringt's! Jetzt ist es zu spät, aber ich muss das nachholen, irgendwann. Und wenn ich mit dem Auto bis Azofra fahre.

Die Wege von Carmen Rohrbach und mir treffen sich wieder in Santo Domingo de la Calzada. Der oben erwähnte gewisse Höhepunkt. Obwohl es bergab geht. Der Name Calzada bedeutet befestigte Straße, das war damals für Pilger ein Fortschritt, heute gibt es dafür bei der Wanderweg-Bewertung Punktabzüge.

---

[79] Carmen Rohrbach Seite 102

Dort steht die Kirche, in der es einen Hühnerkäfig mit einem Hahn und einer Henne gibt. Das habe ich gemeint, von wegen gewisser Höhepunkt.

*Santo Domingo de la Calzada*

Von der Geschichte, die dahinter steckt, gibt es verschiedene Versionen.

Die kürzeste bei Ulrich Hinse: „Im Mittelalter soll ein solcher Hahn, der bereits fertig zum Verzehr angerichtet auf dem Teller eines Richters gelegen hatte, fort geflogen sein und so einem zu Unrecht zum Tode verurteilten jungen Mann das Leben gerettet haben"[80].

Die längeren Versionen der Geschichte laufen etwa so:

Im Mittelalter war eine deutsches Pilgerpaar mit seinem Sohn, der je nach Version einfach nur Sohn oder Hugonell hieß und im Durchschnitt der Versionen 16 Jahre alt war, auf dem Weg nach Santiago und hat in Santo Domingo übernachtet.

Dort hat der Sohn silberne Löffel geklaut oder aber die Tochter des Hauses bedrängt, oder er hat die Bedrängungen durch die Tochter des Hauses nicht

---

[80] Ulrich Hinse Seite 102

beachtet, vielleicht eher nicht verstanden, und die Tochter hat ihm dann die Löffel untergeschoben, aus Rache.

Er wurde jedenfalls zum Tode verurteilt und gehenkt, damals war noch nichts mit Kuschelpädagogik. Seine Eltern, sie hatten wohl keine Rechtsschutzversicherung, pilgerten weiter nach Santiago. Anstatt dort in den Flieger zurück nach Deutschland zu steigen, es war ja Mittelalter, liefen sie auch wieder zurück und kamen, es muss mindestens vier Wochen später gewesen sein, wieder nach Santo Domingo und am Galgen vorbei. Dort durften sie feststellen, dass ihr Sohn noch dort hängt, aber auch noch lebt.

Es heißt Santo Domingo, also nicht die Stadt, sondern der gleichnamige Mensch, Heilige und Stadtgründer hätte ihn gestützt, aber das glaube ich nicht, dann hätte er ihm ja einfacher auch runter helfen können.

Wie auch immer, die Eltern liefen zum Richter, um dort Gnade für ihren Sohn zu erbitten. Es sei ja wohl ein Zeichen seiner Unschuld, dass er noch lebe.

Worauf der Richter, im Begriff sein Brathähnchen zu verzehren, sinngemäß entgegnete, dass Hugonell ebenso tot sei wie sein, des Richters, Abendessen. Kaum gesagt, sprang der Hahn auf, schüttelte Ketchup und Mayo ab, schlug mit den Federn, die auch wieder da waren und flog davon.

Das gute Ende der Geschichte: Hugonell durfte mit nach Hause, und Hahn mit Huhn wohnen nicht gebraten auf dem Teller und sind auch nicht im Richter gelandet, sondern lebendig in der Kirche. Natürlich nicht mehr die gleichen, es ist alle paar Tage Schichtwechsel.


Wenn der Hahn kräht, bedeutet das Glück für den Weg nach Santiago. Bei mir ist erst Stille, dann kräht er. Drei Mal. Ich habe irgendwie im Hinterkopf, dass dreimal Krähen nichts Gutes bedeutet. Aber bevor ich darüber nachdenken kann, kräht er noch zweimal. Also doch Glück.

Den Hühnerkäfig so zu fotografieren, dass die Biester erkennbar sind, ist unmöglich. Das Helle links, das ist er.

Es muss irgendwie cool sein, wenn der Hahn während einer Messe krähend mit der Orgel konkurriert. Es gibt solche Beschreibungen.

Im Ticket- und Pilgershop neben der Kirche kann man Hähne aus Ton kaufen. Einer steht jetzt bei mir auf dem Schreibtisch und verhält sich absolut ruhig.

Hinter Santo Domingo überquere ich den Río Oja, was in anderer Schreibweise auch Gans bedeutet, wie Oca. Die Brücke ist bei Toti Lezea Feld 12 im Gänsespiel, die Stadt Santo Domingo Feld 14.

Hoppla! Ist das die Lösung der Schatzsuche? Erst um die Stadt rumlaufen, über die Brücke, irgendwo das Feld 13 suchen und dann zurück in die Stadt?

Der Rest des Tages verläuft entlang der Nationalstraße. Nicht auf der Straße, also ungefährdet durch die einzelnen LKWs, die hier fahren und manchmal hupend die Pilger grüßen.

Hier sieht man die historische Brücke, abgedeckt durch die alte Landstraße, die jetzt als Pilgerweg dient. Darüber thront die neue N 120.

*Drei Brücken übereinander*

Das nächste Dorf mit Herberge heißt Redecilla del Camino und lässt noch zwei Stunden auf sich warten.

Früher, das sagt der Namenszusatz, ein Zentrum am Camino. Heute, vorsichtig formuliert, eher ruhig, aber das passt schon.

## 13 Redecilla del Camino

In der Kirche, die heute Morgen genauso fest verschlossen ist wie gestern Abend, gibt es ein sehenswertes romanisches Taufbecken[81]. Allmählich überlege ich, ob es nicht eine gute Idee für Pilgerzubehör-Shops wäre, einen Satz Dietriche zum Öffnen der gängigen spanischen Kirchentüren anzubieten. Sollte allerdings nicht zu schwer sein, gewichtsmäßig.

Ansonsten mal wieder neben der Schnellstraße, Gegenwind, 11 Kilometer bis Belorado, dann etwas ländlicher bis Villafranca Montes de Oca.

Es ist zur Abwechslung mal saukalt. Schlimmer als das, was ich bisher als Kälte beschrieben habe. Hinter der Brücke von Belorado gibt es einen Rastplatz mit Grillstellen. Es ist Montag, und die Eingeborenen haben vom Wochenende nicht nur Müll, sondern auch Holz hinterlassen.

Ich mache Feuer und wärme mich daran. Ob es an meinem Feuer liegt- es wird danach insgesamt wärmer, ein bisschen sonnig, der Camino entspannt sich.

In Tosantos gibt es Felsenhöhlen, früher als Wohnung genutzt, heute nicht ohne größeren Umweg erreichbar, auf der anderen Seite des Tals.

---

[81] Joan Fiol Boada Seite 94

Es geht mal wieder leicht bergauf, was eigentlich kein Problem ist. Aber es regnet, allerdings nicht von oben sondern mal wieder von vorne, ich kenne das ja schon. Also mit einem entsprechenden Gegenwind. Warum nur hat, wer auch immer, einen Weg in Nordspanien von Osten nach Westen erfunden und nicht einen im Süden nach Osten, warm und mit Rückenwind? Das wäre doch tendenziell angenehmer! Ich fürchte, auch dieser Gedanke wiederholt sich.

Allerdings geht es mir dabei nicht wirklich schlecht. Ich friere nicht, ich habe warme Füße, Meine Jacke und Hose sind dicht. Aber es folgt mal wieder das Hand-Stock-Wechselspiel, mal wärmen, mal Stockeinsatz.

Wäre ich jetzt wirklich lieber zu Hause?

Zum Beispiel um ein Computernetzwerk, ein WLAN und eine schnurlose Telefonanlage zu installieren?

Das mit den PCs war – na ja, im Nachhinein betrachtet relativ einfach. Die Kabelverbindung war da, die PCs meldeten „verbunden". Also besser und leichter als früher mal bei einem Verbindungsversuch ohne Kabel, da war ich tagelang mit der Suche nach optimalen Positionen für die Funkempfänger beschäftigt, mit Standortverbesserungen per USB-Verlängerung und dem Ergebnis eines funktionierenden, eines manchmal funktionierenden, instabilen Netzwerks.

Aber „verbunden" bedeutet noch lange nicht, dass eine Kommunikation möglich ist.

Eine schmerzliche, aber unvermeidliche Erkenntnis für alle Netzwerk-Administratoren oder Hobby-Installer. Ist vielleicht wie in einer Ehe oder ähnlichen Beziehung, die gesicherte Verbindung allein bringt gar nichts, außer vielleicht drei bis vier grüne Balken auf dem PC rechts unten, oder gesellschaftliche Anerkennung im Fall der persönlichen Beziehung.

Nein: die IP-Adresse muss stimmen!

Jedenfalls bei den PCs. Im zwischenmenschlichen Bereich sagt man, die Chemie müsse stimmen, bei den PCs ist es die Physik. Irgendwie treibt mir der quere Regen noch querere Gedanken ins Hirn.

Die Lösung für mein PC-Netz war die Eingabe statischer IP-Adressen. Ob das eine elegante Lösung war, weiß ich nicht, aber es funktioniert und ist auch erweiterbar. Also bleibt es so. Never change a working system, sagen die Experten.

Schlimmer oder lustiger, je nach Abstand zur Aktion betrachtet, war die Einrichtung einer Telefonanlage mit vier Schnurlos-Telefonen. DECT heißt das.

Anmelden der Mobil-Telefone an der FritzBox einfach. Einrichten der Telefone mit individuellem Namen, Klingelton, Startbildschirm und Telefonbuch auch. Na ja, hat schon ein paar Stunden gedauert.

Aber dann die Erkenntnis, dass zwei grüne Balken zwar signalisieren, dass eine Verbindung zur Basis besteht, aber nicht bedeuten, dass dies zum Telefonieren ausreicht. Also muss ein Repeater her.

Und da lernt man dann doch in zwei Tagen, dass ein WLAN-Repeater zwar auch DECT-Telefone weiter vermittelt, aber nur ungesichert, und das gehe eigentlich gar nicht, aber anders gehe es überhaupt nicht. Ist auch egal, es funktioniert nicht. Es gibt auch DECT-Repeater. Also nochmal Media-Markt, nochmal 70 Euro, nochmal Anmelden an der Box: jetzt sind die Phones tatsächlich funktionierend verbunden. Alle internen Gespräche problemlos. Also alles gut.

Bis nachmittags der erste Anruf von außen kommt. Ankommt. Aber durch massives Rauschen unverständlich ist.

Zu diesem Problem gibt es diverse Diskussionsforen im Internet. Auch eine Anleitung des Herstellers. Alles auf Neustart, alle Geräte neu anmelden- nichts geändert.

Nur wenn man über die Anleitung hinaus auf die Idee kommt, auch einen Reset der Box zu machen vor Neuanmeldung der Geräte über die Box-Seite, bitte nicht über DECT drücken, dann klappt auch das,

Ist das Ergebnis jetzt ein Erfolg meiner hartnäckigen Bemühungen? Oder doch eher ein dummer Zufall?

Am Ortseingang von Villafranca steht ein Hostal mit einem großen Parkplatz davor, aktuell ist der leer. Das muss der Ort sei, wo Hape Kerkeling ein schönes Zimmer gefunden hat, um dann feststellen zu müssen, dass sich der Parkplatz abends mit LKWs füllt, die zum Betrieb ihrer Kühlaggregate die ganze Nacht ihre Motoren laufen lassen[82]. Es stimmt auch, das war hier.

Also weiter. Die kommunale Herberge an der Hauptstraße sieht etwas versifft aus, dahinter gibt es aber noch ein imposantes Gebäude mit der Aufschrift „Hostal" und „San Antón". Ich erinnere mich an Carmen Rohrbach, die hat das Pilgerhospital San Antón beschrieben. „Nur noch Spuren künden von der Schönheit… jetzt ist es eine zerfallende Ruine"[83].

Die Zeiten haben sich geändert, jetzt ist es ein Parador, ein Viele-Sterne-Hotel, und ich merke nicht, dass es dort neben den Hotelzimmern auch noch einen Pilgertrakt gibt  Aber so teuer war es gar nicht, dafür sehr erholsam, und beim Abendessen trifft man auch die Herbergspilger wieder.


Im Dorfladen gibt es an der Kasse einen Ständer mit Handschuhen. Ich kaufe mir instinktiv welche, ohne heute Abend zu überlegen, warum die hier wohl angeboten werden.

Dafür nutze ich die Ruhe meines Zimmers, um über einen Titel für mein Buch nachzudenken, wenn ich denn eines schreiben sollte.

Am besten einen Titel, den es noch nicht gibt. Für Carmen Rohrbach war das leicht, einfach „Jakobsweg"; sie war die Erste.

„Mein Jakobsweg" oder „Auf dem Jakobsweg" gibt es schon haufenweise, das geht also gar nicht, „Noch ein Esel auf dem Jakobsweg" wäre vielleicht diskutabel, „Ich bin dann auch mal weg" ist naheliegend, aber phantasielos. Außerdem könnten beide Varianten Ärger wegen des Urheberrechts nach sich ziehen.

„Jakob, ich komme" war mal mein Favorit, aber das klingt irgendwie bedrohlich und ich will ja nicht, dass der Heilige beziehungsweise seine Reste sich im Grab umdrehen.

---

[82] Hape Kerkeling Seite 106
[83] Carmen Rohrbach Seite 133


112

Ich sehe schon, es geht nur, wenn ich Titel und Untertitel kombiniere.

„Mein Jakobsweg – Gedanken auf dem Weg nach Santiago" würde beschreiben, was ich mache, aber wahrscheinlich gibt es das auch schon. Also noch mal nachdenken.

„Ich auch" würde in aller Bescheidenheit mein Tun und meinen Platz in der Hierarchie der bereits existierenden Autoren beschreiben und möglicherweise sogar neugierig machen. Fehlt noch ein Untertitel. „Mein halber Jakobsweg". Ja, das ist es!

Abgesehen davon, dass ich in der Schule gelernt habe, einen Absatz nie mit „Ich" zu beginnen. Es ist Zeit, mich gegen meine Schulbildung durchzusetzen.

Ich sage mit diesem Titel klar, dass nichts Neues zu erwarten ist, ätsch, und ich beschreibe ja tatsächlich nur einen Teil des Wegs. So wie ich überhaupt Vieles angefangen, aber nicht zu Ende gebracht habe. Wenn das denn so stimmt. Vielleicht wäre aber anstelle „halb", was etwas untertrieben ist, „unvollendet" passender?

Oder Quatsch, ich unterschlage das im Untertitel, das mit dem nicht ganzen Weg. Ich schreibe es in den Klappentext, oder wie das heißt.

Dann fehlt natürlich noch ein Titelbild. Ich auf dem Weg, von vorne oder hinten, mit Sonnenaufgang oder Sonnenuntergang, mit oder ohne Kirche oder Mohnblumen und natürlich mit Jakobsmuschel. Nein, es muss auf jeden Fall der Wegweiser drauf, der mich zu diesem ganzen Unternehmen animiert hat, vom Bahnhof in Donaueschingen.

Ich dachte dann noch an das Taxibild (Seite 95) und das Sch…Verbot (Seite 102), aber die passen besser in den Text. Und dann noch eins, um zu illustrieren, dass mir der christlich-religiöse Hintergrund des Unternehmens bewusst ist, auch wenn ich damit kritisch umgehe:

Diese Sammlung entsorgter religiöser Symbole steht allerdings nicht am Camino, sondern am Friedhof in Bonndorf im Schwarzwald. Aber auch dort geht heute ein Jakobsweg durch, nein, nicht an den Bäumen im Hintergrund entlang, unten durch die Stadt.

Jetzt lasse ich dieses Bild mal hier stehen. Es hat irgendwas. Den Wegweiser verschiebe ich auf Seite drei, in den „Schmutztitel".

Für den Titel nehme ich das Bild von „El Caminante" aus Astorga. Wenn wir dort ankommen, erkläre ich auch warum.

## 14 Villafranca Montes de Oca

Die Montes de Oca, die Gänseberge, sind ein quer zum Camino verlaufender, bis etwa 1200 Meter hoher Mittelgebirgszug und bestehen im Wesentlichen aus Kiefernwald. Wie auch der Schwarzwald sind sie für die typischerweise von Westen kommenden Tiefdruckgebiete ein Hindernis, an dem sich auf der Westseite die Wolken stauen und abregnen.

So ist das auch heute, und dazu ist es kalt. Wie kalt in Grad Celsius ist egal, wohl schon im Plusbereich, aber ich benutze meine Handschuhe gerne.

Nach einem längeren Anstieg mündet der Pfad in einen breiten Forstweg und es geht leicht und stetig bergab. Die Handschuhe sind inzwischen nass, und nasse Handschuhe mit Wind machen eher kalt als warm.

Ich denke, dass es bis San Juan de Ortega am anderen Ende der Berge nicht mehr weit sein kann. Ein falscher Gedanke, es zieht sich elendiglich. Immerhin habe ich genug Zeit darüber nachzudenken, warum die Forststraßen hier viermal so breit sind wie im Schwarzwald: Das sind Feuerschneisen! Es muss hier auch trockene und warme Zeiten geben.

Von Ulrich Hinse weiß ich, dass hier auch gejagt oder gewildert wird, Wildschweine, aber manchmal auch Pilger[84]. Das weiß er, obwohl er die Berge mit dem Bus umschifft hat[85]. Ich sehe weder Jäger noch Schweine. Und auch keine Pilger mehr. Klar, ich bin auf einer Forststraße, aber bin ich auch auf dem Holzweg?

Der Spruch „Du bist auf dem Holzweg" kommt daher, dass zum Beispiel im Schwarzwald diese Wege angelegt sind, um eben Holz aus dem Wald zu holen. Das bedeutet, sie führen im Zickzack in den Wald und enden irgendwo, führen aber nirgends hin.

Irgendwann beginnt dieser Gedanke mich zu beunruhigen. Ich erinnere mich, gelesen zu haben, dass im Laufe des Tages ein schmaler Weg nach links von der Forststraße abzweigt und nach San Juan de Ortega führt. Bin ich an dieser Stelle vielleicht schon vorbei?

---

[84] Ulrich Hinse Seite 124
[85] Ulrich Hinse Seite 116

Erst mal bin ich versucht, meinen Rucksack an den Waldrand zu schmeißen und ein wärmendes Feuer zu machen, aber weil das zum einen technisch nicht ganz einfach sein dürfte, ich habe keine Brandbeschleuniger dabei, und außerdem eher aufhält, ich habe auch kein Grillgut dabei, lasse ich es.

So vergeht die Zeit und der Weg, und tatsächlich ist die Abzweigung gut erkennbar und markiert, man darf halt beim Gehen nicht dauernd auf den Boden schauen, da gibt es hier keine Pfeile oder Muscheln wie in den Städten.

Ob der Name Ortega nun Brennnessel, ortiga, bedeutet oder Birkhuhn, ortega, ist mir, anders als Carmen Rohrbach[86] egal. Ich finde angesichts der besseren Namensentsprechung das Birkhuhn plausibler, vor allem für eine erwiesene Vogelkundlerin.

In San Juan der Ortega gibt es eine geschlossene Kirche und eine offene Bar, die Herberge daneben hat noch zu.

Hier ist Carmen Rohrbachs Befürchtung vom Umbau der einfachen Herbergen zu Paradors nicht Wirklichkeit geworden[87]. In der Bar brennt ein Kaminfeuer und es läuft ein Fernseher, ausnahmsweise mal nur einer; Standard für spanische Bars sind zwei, mit unterschiedlichen Programmen. Das Kaminfeuer ist was Neues und kommt gerade recht.


Da taut auch das Hirn wieder auf und meldet sich mit dem Problem des korrekten Gebrauchs der weiblichen und männlichen Anrede in Wort und Schrift. Ich habe nichts dagegen.

Zum korrekten Verhalten eines Redners, sei es im Gemeinderat oder wo auch immer gehört es, immer die männliche und die weibliche Form der Anrede zu benutzen, oder umgekehrt. „Meine Damen und Herren" ist schon lange Standard, „Liebe Parteifreundinnen und Parteifreunde" ist etwas sperriger, aber geht, „Liebe ralinnen und Liberale" kommt mit einer gewissen Verzögerung rhetorisch gut an, sieht geschrieben aber blöd aus. „Liebe Villingerinnen und Villinger" geht auch, ist aber nicht korrekt, denn

---

[86] Carmen Rohrbach Seite 138
[87] Ebenda

es müsste „Liebe Villingen-Schwenningenerinnen und Villingen-Schwen-ningener" oder sogar „Liebe Villingenerinnen-Schwenningenerinnen und Villingener-Schwenningener" heißen, und das finde ich schon etwas selt-sam. Korrekt sein kann ganz schön bescheuert klingen. „Liebe Gäste" müsste eigentlich falsch sein, aber „Gästinnen" habe ich noch nie gehört.

Wenn im Deutschen Bundestag eine Rednerin der Linken fordert, dass es „für Zeitungsausträgerinnen und Zeitungsausträger sowie Saisonarbeiter" keine Abstriche beim Mindestlohn geben dürfe, dann frage ich mich: Und was ist mit den Saisonarbeiterinnen? Gibt es keine? Oder brauchen die kei-nen Lohn? Wenn schon, dann bitte richtig!

Die konsequente Einhaltung der Doppelanrede mag korrekt sein, und sie hilft auch Zeilenhonorar zu schinden oder Redezeit auszufüllen. Ich mache es trotzdem nicht, ich wechsle ab. Mal weiblich, mal männlich, immer beide gemeint und außer von Grüninnen und Grünen auch meist akzeptiert.

Konsequent und vollständig an die Doppelanrede halten werde ich mich, falls überhaupt, wenn ich mal im Verkehrsfunk Folgendes hören sollte: „Achtung Autofahrerinnen und Autofahrer, auf der A sowieso kommt ihnen eine Geisterfahrerin oder ein Geisterfahrer entgegen". Es ist schon komisch, dass sich noch keine emanzipierte Frau darüber aufgeregt hat, dass es offenbar keine Geisterfahrerinnen gibt.

Wobei mir bewusst wird, dass ich bisher noch nie von „Pilgerinnen" ge-schrieben habe, aber jetzt ist es halt so passiert. Sorry. Schwämmin drüber, ich muss weiter.

Getrocknet, gewärmt und mit aufgefülltem Koffeinspiegel fühle ich mich fit für mehr Strecke. Zumal vor der kleinen Herberge gerade ein Kleinbus von Jakotrans eintrifft und einen Haufen Rucksäcke ablädt.

Jakotrans, noch nie gehört? Das geht so: Man lässt seinen Rucksack in der Herberge stehen und heftet ein Papiertütchen dran, da kommt etwas Geld rein, ich kenne die Preise nicht, und das Ziel wird draufgeschrieben. Jako-trans transportiert das Gepäck dann in die gewünschte Herberge. Mit den ausgeruhten Eigentümern, die bald grinsend eintreffen werden, muss ich den Nachmittag und Abend nicht verbringen. Auch wenn es in der Herberge täglich eine Knoblauchsuppe geben soll, die in der Literatur mehrfach erwähnt ist.

Also verlasse ich das Feld 18 des Gänsespiels ohne Knoblauch.

Zwölf Kilometer waren es durch die Berge, gefühlte zwanzig. Nach Burgos sind es nochmal 29, und das ist, auch wenn ich die letzten zehn durch die Vorstadt mit dem Bus fahren sollte zu viel. Ein nettes kleines Dorf in Lauerstellung vor Burgos wäre gut.

Der Weg führ durch Wald und dann offene Landschaft, auf einer Wiese hat sich jemand viel Mühe gegeben, Steinkreise anzulegen. Der Regen hängt hinter mir in den Bergen, alles wird gut. Auch wenn die letzten drei Kilometer mal wieder auf der Straße stattfinden.

Atapuerca heißt meine Lauerstellung. Von der Kirche aus hat man eine weite Aussicht nach Nordosten, es gibt Seen und Feuchtgebiete, und mitten drin ein modernes, einzelnes großes Gebäude, offenbar mit einem großen Vorplatz, auf dem ab und zu ein Bus rumfährt. Was ist das wohl?

Die Lösung findet sich in der Herberge am Prospektständer. Es ist der Archäologiepark Atapuerca, gebaut 2001 als Besucherzentrum für die Höhlenfunde, die dort Ende des 19. Jahrhunderts gemacht wurden. Eine Gruppe Menschen, die vor über 300 000 Jahren starben, später die ältesten menschlichen Knochen Europas.

Im Park kann man „Außerdem interessante Tätigkeiten ausüben, wie z.B. Keramik töpfern, Fisch räuchern und Farbpigmente für ein Höhlenbild herstellen"[88].

Schön, aber zu viel für heute. Später lese ich in einer spanischen Zeitung, dass Atapuerca mit zu geringen Besucherzahlen kämpfen muss. Na ja, echte Pilger gehen da wohl sowieso nicht hin. Das sind ja alles Dinge, die es laut Bibel gar nicht geben kann, viel zu alt.

---

[88] ww.spain.info/de_DE/reportajes/la_odisea_de_la_especie_en_atapuerca.html

# 15  Atapuerca

Das Ziel heute ist klar: Burgos. Und klar ist auch, dass es zwischen mir und der Kathedrale von Burgos zwei Schikanen gibt.

Die erste heißt Flugplatz, die neue Landebahn verläuft nahezu quer zum Camino; es scheint, die spanischen Piloten lieben Landeanflüge mit Seitenwind. Vor Santiago ist es übrigens ähnlich, sogar noch querer. Vom Überqueren der Bahn zu Fuß wird allgemein abgeraten, auch wenn der Verkehr gering ist. Ich habe kein Flugzeug gesehen.

Es gibt Wegvarianten nördlich oder südlich am Ende der Piste vorbei. Zuvor geht es von Atapuerca auf eine Hochebene mit Kreuz und Fernsicht, dann teilen sich die Wege. Ich halte mich rechts und bin irgendwann auf einem Feldweg, fern von jedem gelben Pfeil. Aber die Richtung stimmt, der Flugplatz ist in der Ferne zu sehen und Brücken über die Autobahn hat es auch, so dass ich auf meinem Privatweg die Vororte von Burgos erreiche und damit die zweite Schikane.

Der Weg führt über gut zehn Kilometer entlang einer schnurgeraden sechsspurigen Straße durch ein Industriegebiet. Es sei nicht ehrenrührig, sagt der Führer, hier den Bus zu nehmen. Ich bin mir nicht sicher, ob ich das will, und es ergibt sich auch einfach anders.

An der ersten Bushaltestelle bin ich vorbeigelaufen, die Dinger sind gut getarnt, fast so als wolle man Fahrgäste vermeiden. Beim nächsten Punkt, den ich meine als Haltestelle zu identifizieren, hat mich der Bus gerade überholt und der nächste kommt in einer Stunde.

Anstatt zu warten kann ich auch laufen. Und ich finde es zunehmend interessant. In meiner Geburtsstadt München habe ich sieben Kilometer vom Zentrum entfernt gewohnt, in Pasing, aber auf die Idee, in die Stadt zu laufen bin ich nie gekommen. Ich habe es nur ein paar Mal mit dem Fahrrad gemacht, unter anderem zum Tanzstunden-Abschlussball, mit Blumenstrauß auf dem Gepäckträger.

Das Industriegebiet ist ein bunter Mix aus Altem und Neuem, aus kleinen Werkstätten, modernen Küchenstudios, Autohäusern, Speditionen, Bürohäusern und so weiter, bis hin zu einer großen Reifenfabrik. Es wird nicht langweilig und unvermutet beginnt hinter einer Kreuzung die Stadt Burgos.

Mit großen Wohnblocks, aber auch wieder Bars und kleinen Kirchen, großen und kleinen Geschäften, die klassische Vorstadt. Die zieht sich auch noch mal ein paar Kilometer, denn das alte Burgos ist das westliche Drittel vom Ganzen.

Meine Erwartung, irgendwann vielleicht zumindest einen Turm der Kathedrale aus der Ferne zu sehen, erfüllt sich nicht. Langsam wird die Stadt enger und älter, und unvermutet stehe ich hinter einer Kurve der jetzt ziemlich schmalen Straße am oberen und hinteren Ende des Bauwerks. Es ist schon von hier aus ein beeindruckendes Erlebnis.

Die städtische Herberge liegt auch an dieser Straße. Ich hole mir dort einen Stempel und sichere mir einen Schlafplatz.

Das ist nicht das Archiv der Stadtbibliothek, das sind Pilgerbetten, neuestes Modell. Immer zwei übereinander, aber zu jedem gehört ein Schrank und eine Steckdose zum Smartphone füttern.

Auf jeder der fünf Etagen im Gebäude gibt es fünfzig Betten, für je fünfzig Betten zwei Duschen und zwei Toiletten. Es ist wenig los in Burgos, pilger- mäßig, aber die Archivare füllen die Regale konsequent eines nach dem anderen von unten nach oben.

Ich habe irgendwie das Gefühl, mich zu schnell für ein Quartier entschieden zu haben; endgültig klar wird mir das am Abend, als das Leben in Burgos beginnt und ich mich erinnere, dass ich um zehn in der Herberge sein muss, Einschluss.


Die Kathedrale in Burgos besteht aus vielen Kirchen, sie ist aber mehr ein Museum als ein aktives Gotteshaus. Für mein Empfinden eindeutig zu viel an Seitenkapellen, Altären, Symbolen und Erklärungen des Audioguides.

Am meisten beeindruckt mich das Bild, das sich bietet, wenn man vom Grab El Cids nach oben schaut in das, was ich in meinem baugeschichtli- chen Unverstand Kuppel nenne. Heute weiß ich, dass es Vierung heißt, die Stelle wo sich Längs- und Querschiff kreuzen. Inzwischen habe ich mir von diesem Foto ein Puzzle mit 2000 Teilen machen lassen. Ich glaube, dass muss ich jemand schenken, den ich ärgern will.

Die Vorläufer-Kuppel, nein, Vorläufer-Vierung, ist im Jahr 1539 eingestürzt, aber nachts, da war niemand drunter.

Auch nicht El Cid, der ruhte seinerzeit unbehelligt im Kloster San Pedro de Cardeña, etwas nördlich von Burgos.

Es gibt noch eine Seitenkapelle, eher eine Seitenkirche, die von der Hauptkathedrale aus nicht zugänglich ist, aber von der Westseite her und ohne Eintrittsgeld. Abends um acht soll da eine Pilgermesse sein, steht an der Pinnwand in der Herberge, und da will ich hin. Der Museumsstress ruft nach Innehalten.

Abends um halb acht ist die Kirche schon voll und es läuft offenbar auch ein Gottesdienst. Soviel weiß ich von katholischen Messen: Das Kernstück ist die Wandlung von Brot und Wein in Leib und Blut Christi. Einer der drei Knackpunkte zwischen Katholiken und Evangelischen, die beiden anderen sind das Papsttum und die Marienverehrung.

Aber auch wenn ich nicht an diese reale Wandlung glaube, habe ich als Gast bei dieser Aktion tiefen Respekt vor den Handelnden und Gläubigen. Mich ruhig zu verhalten, nicht mit Bonbonpapieren zu rascheln oder Popcorn zu verknuspern ist für mich selbstverständlich und während dieser heiligen Handlung aufzustehen, mich durch die Reihen zu drängen und rauszugehen, so was geht für mich absolut gar nicht.

Anders die offenbar einheimischen Gläubigen. Egal was am Altar gerade passiert: Man kommt, bekreuzigt sich, drängt mit Einkaufstüten durch die Reihen, unterhält sich mit den Nachbarn, begrüßt lautstark dazukommende Bekannte und ebenso gibt es scheinbar keinen Zeitpunkt, zu dem man nicht auch wieder gehen kann. Es ist ein grandioses Gewusel.

Ich will das aber nicht kritisieren, ich bin nur überrascht. Irgendwie bestärkt mich die Szene in meinem seit einigen Jahren größer werdenden Zweifeln und Nachdenken darüber, ob mein kindliches Weltbild von Katholiken und Protestanten haltbar ist.

Als Gegenpol zu meinem „Katholisch gleich autoritär" und „Protestantisch gleich liberal" habe ich mittlerweile durchaus ein „Protestantisch gleich verklemmt" und „Katholisch gleich lebenslustig" erkannt. Was sich auch auf meine Betrachtung des evangelischen Buß- und Bettags und des katholischen Fronleichnams auswirkt.

Ich gebe mal wieder was zu: Ich war einer von den Protestanten, die immer an Fronleichnam Tätigkeiten wie Auto waschen, Rasen mähen, Holz hacken und so weiter als Protest gegen die von uns so empfundene Machtdemonstration der katholischen Kirche an diesem Tag ausgeübt oder zumindest daran gedacht und sich dann doch nicht getraut haben.

Für uns Evangelische macht es natürlich keinen Sinn, die symbolische Abendmahlsoblate über die Felder zu tragen, das würde nicht zu einer besseren Ernte beitragen, es wäre nur irgendwie blöde. Mit dem realen Leib Christi bei den Katholiken ist das ganz was anderes. Außerdem hätten wir Evangelische ja nicht viel, was man dem Volk zeigen könnte, wir haben keine kunsthistorisch wertvollen und eindrucksvollen Monstranzen, brauchen wir ja nicht. Aber wir können auch nicht feiern, nur büßen und beten.

Es ist im Vergleich zu euch katholischen Brüdern und Schwestern irgendwie fad. So wie auch der Besuch eines Betseminars in Liebenzell weit weniger Lebensfreude ausdrückt als eine Wallfahrt nach Altötting mit Ausklang im Biergarten.

Ach ja, Pilger habe ich bei der Messe in Burgos keine erkannt. Dafür treffe ich danach in der Stadt noch ein paar Bronzefiguren, alles Pilger, die irgendwie sagen: Setz dich zu mir und lass dich fotografieren.

Es ist bloß niemand da, der mich knipsen könnte. Es wird Zeit für die Herberge!

Gänsespiel Feld 23. Fühlt sich an wie mehr als die Hälfte des Weges.

In der Herberge, die tatsächlich um zehn die Tür absperrt, sind alle Gäste zum Einschluss erschienen. Aber die Betreiber überwachen nicht, ob sie auch alle gleich im Bett, auf der Matratze im Regal, verschwinden und brav das Licht ausmachen.

Es gibt im Aufenthaltsraum ein lang anhaltendes, babylonisches Sprachgewirr. Das stört mich beim Einschlafen weniger als Schnarcher, und deshalb verziehe ich mich in die Koje.

Aber ich kann nicht einschlafen, ohne an ein Sprachthema zu denken, daran sind wohl die Hintergrund-Murmeleien schuld.

In Bayern hat die CSU gefordert, dass Zuwanderer nach Deutschland in ihren Familien gefälligst deutsch zu sprechen hätten.

Mal wieder eine Superidee. Vorsicht, Freunde: diese Menschen lernen in der Volkshochschule noch Sachen wie Genitiv und Imperfekt, damit hat nicht nur mancher Bayer seine Probleme.

Die Gefahr ist groß, dass Zuwanderer bald besser deutsch sprechen als hier Geborene. Wenn bald mal einer sagt „Gestern ging ich zum Haus meines Freundes und aß mit ihm zu Abend", dann seid ihr mit „gestern bin ich zum Haus von meinem Freund gegangen und habe mit ihm zu Abend gegessen" die großen Grammatik-Verlierer.

Jetzt wäre das auch gesagt, und damit Gute Nacht!

## 16 Burgos

Es gibt noch mehr über Burgos zu erzählen, allerdings bekomme ich jetzt ein Problem damit. Das ist wohl nur mit einem Geständnis zu lösen.

Na gut: ich bin nach der Nacht im Regal nach Hause gefahren, mit dem Bus nach Puente la Reina, von dort weiter mit meinem bei den Padres Reparadores geparkten und brav wartenden Auto. Ja, ok, auch der Weg nach Puente la Reina war eine Einzelreise zwei Jahre zuvor. Aber Carmen Rohrbach schreibt ja auch so, als wäre sie durchgelaufen, es waren aber vielleicht mehrere Reisen für verschiedene Etappen, auch bei ihr läuft es durch Burgos nicht rund oder besser gesagt nicht gerade. Ich erkläre das morgen.

Also gut, bei mir geht es am nächsten Tag, aber ein Jahr später, in Burgos weiter. Diesmal habe ich mir über Google Earth einen Parkplatz gesucht, beim Campus der Universität, vor dem Rektorat der juristischen Fakultät. Am Ende des Parque del Parral, beim Hospital del Rey, nahe der Calle Don Juan de Austria. Am westlichen Rand der Stadt. Die Wahl erweist sich als gut, keine Parkscheibenpflicht, und außerdem gibt es da ein Zwei-Sterne-Hotel mit Platz für mich.

Weil es doch schon fortgeschrittener Nachmittag ist, bleibe ich heute, etwas müde von der Autofahrt durch Frankreich, etwas spät dran nach einem erneuten Besuch auf dem Alto del Perdón, noch in Burgos.

Dieses Hotel ist etwas Besonderes. Ein schönes altes Gebäude, alles bestens renoviert. Neben dem Tresen mit Anmeldung steht rechts ein riesiger, gemauerter Pizzaofen, aber davor ein Regal mit allem möglichen Nippes, der Tisch vor dem Ofen ist dadurch unbenutzbar und der Ofen natürlich auch.

Am Tresen steht ein junger Mann, der gerne meine Anmeldung entgegennimmt. Im Gastraum auf der anderen Seite des Tresens läuft der Fernseher, das ist normal, davor sitzt ein einzelner älterer Herr, der kuckt aber nicht Fernsehen, sondern liest Zeitung.

Das Zimmer im ersten Stock hat einen beruhigenden Ausblick in den grünen Garten einer kleinen Kapelle, umgeben von Mauern.

Der Fernseher funktioniert nur, wenn man zwei Fernbedienungen geschickt gegeneinander ausspielt, das muss mir der nette junge Mann später nochmal erklären. Der Flur ist neu gefliest, am Boden schwarz, was im Dunkeln etwas blöd ist, weil ich beinahe die Stufe vor dem Lichtschalter nicht erkenne. Aber es geht nochmal gut.

Zurück Richtung Bar erkenne ich auch hier den Comedor, den großen Speisesaal. Die Tür ist einen Spalt offen, und ich sehe drin viel Kruscht, aber keine vorbereiteten Tische für ein Abendessen. Der junge Mann am Tresen hat sich leicht verändert, meine ich, und es stimmt auch. Es sind zwei Brüder, die das Hotel betreiben, der Gast ist der Vater im Ruhe- bzw. Beobachterstand und die Frau, die später noch dazu kommt, ist die nicht nur beobachtende, sondern bei Bedarf auch kochende Mutter. Serviert wird dann vor dem Fernseher.

Vor dem Hotel, mitten am Camino, aber auch an dem Weg, den Studenten und Dozenten der Uni zum Bus nehmen, stehen zwei Tische und entsprechend Stühle, Gäste fehlen aber. Gut, heute ist Sonntag, keine Uni, und die Pilger kommen hier im falschen Stadium ihrer Reise vorbei: Kurz nach dem Start in Burgos. Es ist aber auch zwei Wochen später, als ich auf dem Rückweg nochmal komme, nichts los.

Ein Klasse Hotel, eine Riesenchance auf Gäste für Bar und Restaurant-Mensch Jungs, warum macht ihr denn nicht mehr draus?

Ich solle die nahegelegene Zisterzienserinnenabtei Santa María la Real de Las Huelgas besuchen, meinen meine Gastgeber, also mache ich das.

Ich muss jetzt nicht bei der streng chronologischen Erzählweise bleiben und deshalb ziehe ich meine Gedanken über den Namen vor. Die automatische Übersetzung von Wiki sagt „Kloster von Streiks Leben", und das kommt mir eigentümlich vor.

Normalerweise heißen spanische Klöster immer „San <Name> de <Ort>", das versteht auch der Pilger. Dass Übersetzungsautomaten sich nicht immer so geschliffen ausdrücken wie menschliche Redner hat ja eher was Beruhigendes. Aber bei einzelnen Wörtern besteht der Verdacht auf eine korrekte automatische Übersetzung!

Da muss ich wohl mal zum klassischen Wörterbuch[89] greifen.

Huelga heißt tatsächlich Streik. Die Website des Klosters übersetzt das aber mit descanso, Erholung.

Die Vorstellung von Mönchen oder Nonnen, die streiken, hat was. Real heißt wirklich, tatsächlich und auch königlich.

---

[89] Langenscheidt Euro-Wörterbuch Spanisch, Neubearbeitung 2007, Verlag Langenscheidt KG Berlin und München

Also mache ich mal eine Übersetzungstabelle:

| Wirkliches | Kloster | der Erholung |
|------------|---------|--------------|
| Königliches |       | des Streiks  |

Alle möglichen Kombinationen sind erlaubt.

Wikipedia übersetzt das als „[etwa] Königliches Freizeitdomizil"[90].

Von der geführten Besichtigung ist mir die besondere Raumaufteilung der Kirche in Erinnerung geblieben. Es gibt ein Längs- und ein Querschiff und dazwischen einen Altar sowie eine drehbare Kanzel.

Das Längsschiff war für die Nonnen bzw. für die königliche Familie gedacht, das Querschiff für's Volk. Der Pfarrer konnte von seiner Position dazwischen aus simultan beide Gruppen betreuen.

Der schöne alte Holzfußboden im Längsschiff ist der Tatsache zu verdanken, dass die Nonnen oder auch Königs auf dem Steinboden kalte Füße bekamen, und die Ornamente an der Decke des Kreuzgangs sind zum großen Teil abgefallen, als die Nonnen über dem Kreuzgang noch eine Etage mit Zimmern bauten. Ja, Ornamente, keine Bilder, maurisch!

Und „Durante su dictadura Franco fue el centro de ceremonias y ritos", während der Franco-Diktatur war die Anlage ein Zentrum für Zeremonien und Rituale; aber das weiß ich nicht von der Führung, sondern ich habe das im Netz recherchiert, nachdem dänische Mitbesucher eine entsprechende Frage gestellt hatten und keine gescheite Antwort von der Führerin bekamen.

Zum Abendessen empfiehlt man mir im Hotel etwas, was ich nicht verstehe, außer dass es die Spezialität der Stadt Burgos sein soll. Ich riskiere es. Es sind runde schwarze Scheiben, undefinierbar, und Spiegeleier, die kenne ich.

---

[90] http://de.wikipedia.org/wiki/Las_Huelgas

Das andere ist Morcilla de Burgos, eine Blutwurst mit Reis, und schmeckt ausgezeichnet. Und das mir, wo ich doch zu Hause Blutwurst gar nicht mag. Aber das Risiko hat sich gelohnt.

Andere kulinarische Risiken bietet die spanische Küche eigentlich nur bei Fisch, da gibt es Spezialitäten, die bei uns kaum den Segen des Wirtschaftskontrolldienstes bekämen, so ähnlich wie die Schlachtabfälle, die in München als Spezialität serviert werden, Münchner Voressen zum Beispiel.

Man bleibt auf der relativ sicheren Seite, wenn man nur Dinge isst, die man auch aussprechen kann, ausgenommen Pulpo en suo misma tinta, Tintenfisch in seiner eigenen Tinte. Das habe ich nicht probiert, Jakob muss mir im weiteren Verlauf noch mehr Mut machen.

Der Camino ist vermutlich nicht der richtige Weg, um sich den Feinheiten der spanischen Küche anzunähern. Mein Eindruck ist der: Wo der Italiener Schnitzel auf fünf verschiedene Arten zubereitet, kennt der Spanier nur eine, und genauso ist es bei Nudeln. Aber es gibt natürlich eine andere, speziell spanische Seite, die heißt: Tapas. Kleine raffinierte Vorspeisen oder Beigaben zu Getränken, extrem vielfältig, ausgesucht gut und so eine klasse Alternative zum Menu peregrino oder Menu del día, zum Pilger- oder Tagesmenü. Es ist eine Frage des Preises.


Gestern war es zu spät, um von Burgos aus noch weiter zu laufen, aber der Nachmittag in der Stadt hat sich gelohnt. Wenn ich vierzig Jahre jünger wäre, würde ich vielleicht auf die Idee kommen, in Burgos studieren zu wollen. Bin ich aber nicht, ist auch gut so, also frisch an´s Pilgern.

Schon vor dem Hostal, beim Abschied von meinem Auto, sehe ich, dass deutlich, ja massiv mehr Pilger unterwegs sind als in den letzten Tagen. Das liegt möglicherweise daran, dass diese letzten Tage ja vor etwa einem Jahr waren und ich diesmal vier Wochen später unterwegs bin, Mitte Mai. Besseres Wetter, aber Hochsaison.

30 Kilometer bis Hontanas habe ich mir vorgenommen für heute, eine Woche gebe ich mir für die Überquerung der zentralen Hochebene, der Meseta, bis León. Mein primärer Reiseführer braucht für die Strecke sechs Etappen, der ADAC acht, also mittleres Tempo.

Jetzt nicht kleinlich die Kapitel nachzählen, ich kann auch gleich zugeben, dass ich länger unterwegs war. Eigentlich ist es eh blöd sich dauernd auf Kilometerleistungen zu kaprizieren, das macht unnötig Stress. Pilgerstress Nummer eins. Nummer zwei ist die Herbergssuche.

Ob ich heute auf Carmen Rohrbachs Spuren wandle, weiß ich nicht genau. Sie ist von Burgos aus nach Südosten über Quintanilla de las Viñas[91] zum Kloster Santo Domingo de Silos ausgewichen[92], um der Großstadt zu entgehen, aber dann ist sie doch wieder bei El Cid[93], oder jedenfalls erzählt sie seine Geschichte.

Ah, jetzt: Sie geht zurück nach Burgos, südlich an der Stadt vorbei und trifft am Hospital del Rey wieder auf den Camino. Das Hospital del Rey beherbergt heute das Dekanat der juristischen… ok, wir sind wieder auf dem gleichen Weg. Aber ihr Umweg von 130 Kilometern, in drei Tagen, das hat was.

Hape Kerkeling quält sich heute nur bis Tardajos[94], das ist vor dem Anstieg auf die Meseta. Tim Moore erklimmt die Meseta und beschreibt das, was er dann sieht als „eine langweilige große Fahne, die obere Hälfte blau, die untere grün"[95].

Ulrich Hinse hat in Burgos erkannt, dass die Templer am Weg Gelddepots angelegt hatten[96] und kommt ganz gut voran, weil der Gegenwind auf der Ebene auch nicht schlimmer ist als an der Nordsee, da ist wohl was dran. Wo er sein Problem mit Anstiegen hat, habe ich meines mit dem Gegenwind.

---

[91] Carmen Rohrbach Seite 147
[92] Carmen Rohrbach Seite 142
[93] Carmen Rohrbach Seite 144
[94] Hape Kerkeling Seite 112
[95] Tim Moore Seite 208
[96] Ulrich Hinse Seite 127

Aber noch bin ich nicht auf der Meseta. Erst mal kämpft der Camino mit einer Eisenbahnlinie und ein paar Straßenkreuzen, dann gibt es in Tardajos Frühstück und eine neue Erkenntnis über die vielseitige Verwendungsmöglichkeit der Jakobsmuschel.

Gut, dass ich nur Pfeife rauche, das hinterlässt keine Kippen, sondern nur biologisch abbaubare Asche, die darf auch auf die Wiese und braucht keine Jakobsmuschel als Aschenbecher.

Der Anstieg auf die Meseta ist nach Café con Leche gut zu bewältigen, und die Aussicht von oben mal wieder Spitze. Jedenfalls wenn ich mich umdrehe und zurück auf Burgos blicke.

*Blick zurück auf Burgos, in der Mitte die Türme der Kathedrale*

Nach Westen, nach vorne sieht´s etwas anders aus.

Tim Moore hat nur fast Recht mit seiner Fahne. Es gibt Wolken und einen Weg, es gibt am Horizont eine quer zum Weg laufende Reihe von Windrädern, und die werden mir in den nächsten Stunden den Weg erleichtern, sie sind ein erfassbares Ziel, ein Ziel dem ich mich erkennbar nähere.

Mit dem Wetter habe ich offenbar Glück. Es weht nämlich ein kalter, kräftiger … Ostwind! Ein völlig untypischer Rückenwind mit Kühleffekt! So ist das Laufen ohne Jacke, unterbrochen durch Pausen mit Jacke, eigentlich in jeder Beziehung angenehm. Und ich bin vermutlich der erste Jakobsweg-Autor, der einen solchen Wind beschreibt, ha!

Überhaupt: Diese langen einsamen Wege durch oder über die Meseta sind weitaus angenehmer als die ebenso geraden, von der N 120 oder N 111 begleiteten Strecken in den Tagen zuvor, also im vergangenen Jahr.

So gegen Mittag kommt, wie in der Literatur versprochen, eine Senke mit dem Ort Hornillos del Camino, da gibt es in der Mitte eine Bar mit ein paar ruhenden Pilgern, dahinter eine Kirche und eine Herberge, in der will ich mir einen Stempel für meinen Pass holen.

In der Herberge ist die Hölle los. Eine kaum durchdringbare Masse von bunten Pilgern kämpft um das letzte freie Bett. Hey Leute, was soll das? Es ist zwölf Uhr mittags! Was wollt ihr denn in diesem Nest mit seinen 635 Einwohnern[97] bis morgen früh machen?

Na egal, Der Stempel steht ruhig im Chaos und die Kollegen drum rum sind froh, dass ich kein Bett, sondern nur den Stempel will. Draußen vor der Bar ist plötzlich auch Hektik spürbar. Mehrere Pilgerinnen telefonieren mit ihren Handys in verschiedenen Sprachen mit irgendwelchen Herbergen, um sich eine Übernachtung zu reservieren. Nichts wie weiter.

Ich weiß noch nicht, dass ich die Geschichte mit dem letzten Bett unterschätze. Aber nach weiteren drei Stunden Hochebene, an einer wahren Oase namens San Bol, schlage ich das Angebot eines Bettes aus, es ist demasiado temprano para dormir, zu früh zum Schlafen.

Dieses San Bol hat sich seit der Zeit von Tim Moore erheblich rausgemacht. Der deutsche Herbergswirt Udo, der eigentlich keine Gäste mag und Angst vor Eseln hat, die ihm seine Bäume wegfressen, ist nicht mehr da[98], es ist

---

[97] Joan Fiol Boada Seite 101
[98] Tim Moore Seite 201

jetzt eine spanisch geführte Herberge, sogar mit sanitären Einrichtungen. Aber ich gehe weiter, bis hinter dem Horizont Hontanas auftaucht.

Wer, siehe Kapitel zwei, von Mistelbrunn nach Hüfingen pilgert, kann das stressfrei tun. Anders sieht das auf dem Camino in Spanien aus, und das ist eigentlich schade.

Der ständig gegenwärtige Stress kommt zum einen durch den an sich selbst gestellten Anspruch, eine bestimmte Tagesetappe bewältigen zu wollen, zu müssen und vor allem durch die Unsicherheit, am Abend eine Übernachtungsmöglichkeit zu finden. Eine mit Dach über dem Kopf, wenn man auf so etwas steht. Herbergssuche ist Pilgerstress Nummer zwei.

In Hontanas gibt es eine private Herberge, die ist voll. Es gibt drei oder vier Hostals, die sind completo, das ist auf Spanisch das gleiche. Es gibt eine Menge Pilger auf der Straße, die meisten haben aber schon ein Quartier und warten auf die Abfütterung um sieben und auf den nächsten Morgen.

Etwas bescheiden versteckt gibt es noch eine kommunale Herberge, und die hat in einem Nebengebäude ein Reservelager für späte Restpilger. Für mich. Ich verziehe mich vor dem Trubel mit Brot, Käse und Wein aus dem örtlichen Pilgershop auf einen Hügel über dem Ort.

Welche Entwicklung seit Hape Kerkeling! Zu seiner Zeit, und so lange ist das doch noch nicht her, war Hontanas mit dem Auto nicht zu erreichen[99], und im einzigen Lokal muss das Essen wirklich absurd schlecht gewesen sein, er schildert das auf zwei ganzen Seiten[100].

An meinem sauberen Picknickplatz gibt es eine kleine Kapelle, versteckt in einer Mauer und nur erkennbar für Pilger, die sich auch mal umdrehen.

Irgendwann erscheint eine Pilgerin aus Litauen mit einem Schuhkarton. Darin hat sie eine Schwalbe mit einem gebrochenen Flügel. In der Herberge haben alle nur gelacht, die Eingeborenen draußen sogar schallend, als sie um Hilfe für den Patienten gebeten hat. Kann ich mir vorstellen. Einen Tierarzt gibt es hier auch nicht.

---

[99] Hape Kerkeling Seite 118
[100] Hape Kerkeling Seite 120 – 122

Sie will jetzt die Heilige in meinem Rücken um Hilfe bitten. Die ist aber die Heilige Birgitta von Schweden, sie hatte ihren Wirkungskreis ebenda und in Rom, sie ist hier im Jahr 1341 mal vorbeigepilgert[101].

Sie ist keinesfalls zuständig für verletzte Tiere, da wäre die Heilige Brigida eher geeignet, aber die ist von Kildare und das ist ganz woanders; sie war auch nie hier und ist auch nicht in einer Kapelle präsent.

Also muss ich selber ran. Ein kleiner Ast, etwas Pflaster. Nicht belastungsstabil, also nicht fliegbar, aber Voraussetzung für eine mögliche Heilung. Die Pilgerin will den Vogel mitnehmen zum nächsten Tierarzt.

Sie ist erst skeptisch, dann dankbar und geht Futter suchen. Für den Vogel. Am nächsten Tag überholt sie mich mit einem kleineren Transportkarton auf ihrem Rucksack. Viel Glück, der nächste Tierarzt ist in Sahagún.

Zufall oder mehr- Hape hat hier von einer Mitpilgerin eine Geschichte von einem einen halbtoten Spatzen erzählt bekommen, den diese durch Waschen geheilt hat[102].

Nach dem späten Sonnenuntergang wird es unangenehm kühl und ich beziehe mein Quartier. Da sind inzwischen alle anderen Betten auch belegt, die meisten Gäste schlafen schon. Es war wohl für alle ein anstrengenderer Tag als in Burgos.

---

[101] Die Heilige Brigitta von Schweden, Prophetin und Patronin Europas
Vortrag, gehalten am 15. März 2000 in Maria Dreieichen
Von P. Dr. Ildefons Fux OSB, Neulengbach im Rahmen des Initiativkreises St. Pölten. Zitiert nach http://stjosef.at/dokumente/birgitta_vortrag_drfux.htm
[102] Hape Kerkeling Seite 123

## 17 Hontanas

Morgens um sechs, es ist noch dunkel und kalt, bin ich pilgerbereit vor der Herberge.

Ulrich Hinse hat sich gestern Abend einer Bus-Reisegruppe angeschlossen und fährt bis Frómista voraus[103], er hat kein Bett mehr gefunden. Meines war schnarch- geruchs- und Frühstarterbelastet, aber ich bin froh, überhaupt eines gefunden zu haben.

Jetzt ist Frischluft dringend nötig. Es geht in der Dämmerung einen kleinen Pfad entlang, dann auf einer schmalen Straße weiter. Ein Stündchen später, es ist inzwischen hell, folgt die Geschichte vom verpassten Foto.

Meine Kamera war im Rucksack, das Universal-Mobilteil irgendwo versenkt, und es ging einfach auch zu schnell.

Vor mir laufen vier Mitpilger in Reihe hintereinander. Die Straße macht eine Linkskurve und es erscheint die Ruine des Klosters San Antón. Sie wissen schon, das „Als wir das Dorf Ansatz kommenden zwei Kilometer Hontanas aus, fanden wir die Reste des alten Klosters und St. Antonius Krankenhaus, mit seinen Spitzbögen Überqueren der Straße von Seite zu Seite"[104].

Die Straße führt unter einem halb verfallenen gemauerten Bogen hindurch. Die vier Kollegen zücken wie auf Kommando ihre Kameras, schwärmen aus, so dass sie über die Straße verteilt nebeneinander stehen, fallen auf die Knie und schießen alle das gleiche Foto: der gemauerte Bogen. Dieser Bogen, davor vier kniende Fotografen mit bunten Rucksäcken, das wäre mein Bild gewesen. Na ja, vielleicht ein andermal.

Es folgt Castrojeriz. Gänsefeld 27. Mit einer neuen Erkenntnis über die Tücken des Camino: Zur falschen Tageszeit an einen interessanten Ort kommen.

Ich glaube, es wäre jetzt unfair gegen über der Stadtverwaltung von Castrojeriz, nochmal von deren Internetseite zu zitieren, die weit lustiger als

---

[103] Ulrich Hinse Seite 138 - 139
[104] http://castrojeriz.com/de/historia/castrojeriz

informativ ist, so sprachlich betrachtet. Wenn sie es nicht lassen können, finden sie den Link in der Fußnote zu San Antón.

Der Ort wird dominiert von einer Burgruine, die kurz hinter San Antón als Ziel einer langen Allee sichtbar wird. Die Stadt hatte im Mittelalter 18000 Einwohner, vor allem Juden. Heute sind es noch 850 Einwohner, wohl eher keine Juden.

Die erste Bar, die ich erreiche, ist auf den Mauerresten einer Synagoge erbaut, die nächste ehemalige Synagoge ist eine Weinkelter. Es gab mal sieben große Kirchen, heute noch drei, viele alte Gebäude sind noch da, aber unbewohnt. Ich glaube, das ist eine Stadt, in der man über die Geschichte von Christen, Juden und Mauren in Spanien und im Mittelalter prima recherchieren könnte. Wo, wie in Burgos oder León, aber im kleinen Maßstab, das mittelalterliche Miteinander der Kulturen und Religionen, ja, das gab es, erlebbar sein müsste.

Jetzt darf ich doch nochmal zitieren, vielleicht verstehe ich den Satz dann: „Es ist im Westen und dem West End von Burgos, an der Grenze mit der Provinz Palencia, 16 km. der N-620 Burgos-Valladolid, 11 km von der de Burgos und Leon, die irgendwie in einem geografischen Punkt der Provinz Burgos Straße mit wenig Einfluss Logistik, die sich sehen lassen kann mittels in der Vernachlässigung und Achtlosigkeit auf ihren Straßen und Autobahnen"[105]. Also genau da liegt und das ist Castrojeriz.


Ich bin heute gerade erst warm gelaufen, deshalb will ich den kommenden Anstieg auf die Tierra de Campos hinter mich bringen, bevor ich raste. Dieser Anstieg ist mal tatsächlich steil, aber kurz, knapp hundert Höhenmeter, also gut zu schaffen und der folgende langsame Abstieg nach Itero de la Vega macht sowieso keine Probleme, bringt aber auch landschaftlich keine neuen Erkenntnisse. Es ist einfach schön, hier locker zu laufen.

Aber es gibt doch noch was Neues. Mal wieder politische Parolen an einer Hauswand, Fracking NO, jedenfalls nicht am Camino de Santiago. Ein heikles Thema, denn obwohl es von oben nicht so aussieht, sitzt Spanien auf

---

[105] Siehe 102

Ölschiefer. Die Zentralregierung hat Fracking legalisiert, das Regionalparlament von Kantabrien hat es verboten, der Konflikt ist vorprogrammiert.

Und Mist, ich habe eine Laufmasche!

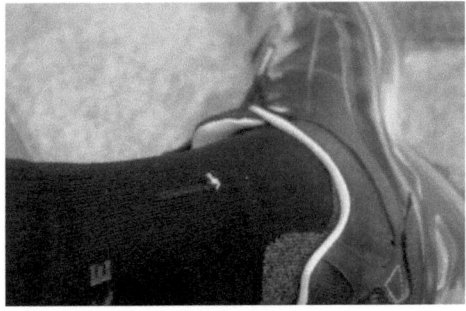

Mein Ziel ist klein, aber nett. Boadilla del Camino. Es gibt keinen Laden, aber mehrere Herbergen, und eine im Zentrum, na ja ist eigentlich alles nur Zentrum, hat gerade eine Casa rural, eine Pension, angebaut. Extra für mich.

Ein etwas gestresster, dennoch souveräner junger Mann schmeißt den Laden. Herberge füllen, Casa rural betresen, Menü organisieren. Hat in Deutschland studiert, bzw macht das noch weiter, aber in der Hauptsaison ist er hier.

Zum Pilgermenue trifft man sich in der Herberge. Am langen Tisch sitzt mir gegenüber ein junger Franzose, der erst mal seinen Teller umdreht und so vermeidet, dass ihm Suppe serviert wird. Er zieht dann eine Dose Ravioli aus seinem mitgebrachten Rucksack, stellt sie auf den umgedrehten Teller und löffelt sie aus. Gut, das kann man machen, aber die Dose ist von Carrefour, also aus Frankreich mitgebracht. Irgendwann fällt sein Blick auf das Haltbarkeitsdatum und sein Gesicht verzieht sich. Hat er wirklich einen Dosenvorrat mitgeschleppt? Will er die letzte geleerte Dose vielleicht am Cruz de Ferro ablegen?

Der Ort bietet auch noch ein romanisches Taufbecken, diesmal in einer offenen Kirche. Auch das Licht der Abendsonne stimmt.

Zwei weiße Pferde und ein Storch auf einer Blumenwiese wären ein schönes Fotomotiv, würden die Biester sich nicht immer vor eine versiffte Lagerhalle stellen. Vermutlich ist es den Tieren langweilig, sie waren bei Tim Moore schon auf der gleichen Wiese[106]. Oder sie sind verängstig, weil sie mal wieder einen Esel erwarten.

Es gibt auch noch eine Bar ohne Pilger. Mit einem Plakat für den nächsten Stierkampf in der Kreisstadt.

---

[106] Tim Moore Seite 211

Stierkampf? Stimmt, das ist ja in Spanien der große Renner, beziehungsweise ein Kulturgut- oder? Ist das wirklich noch so? Dieses Plakat ist das erste, das ich sehe. Sicher, in Pamplona bin ich an der Stierkampf-Arena vorbeigelaufen, aber in Pamplona ist ja eher das Wettrennen zwischen Stieren und Menschen bekannt.

Es ist so: Im Stierkampf ist Bewegung. Auf den kanarischen Inseln wurde er 1991 verboten, in Katalonien, Barcelona, im Jahr 2012. In Galicien dürfen seit 2012 nur noch Kinder über 12 Jahre zusehen, und Erwachsene, denke ich. Überhaupt ist Stierkampf eher was für Madrid, Sevilla und Andalusien. Und 2013 hat der Senat in Madrid den Stierkampf zum „immateriellen Kulturgut" erklärt, mit den Stimmen der Konservativen. Die Sozialisten haben sich enthalten, der Rest war dagegen. Das bedeutet, mein Verein und ich wären auch dagegen gewesen.

Immerhin lerne ich bei dieser Recherche, dass der lateinamerikanische Tanz Paso doble den Stierkampf thematisiert, der Herr ist der Torero, die Dame das rote Tuch. Nett, vielleicht treffe ich mal militante Tierschützer beim Paso-doble-Tanzen, das wird bestimmt lustig.

Es gibt guten Vino tinto in der Bar. Als Casa-Rural-Bewohner habe ich einen Schlüssel und keine Einschlusszeit. Es ist ruhig im Dorf, etwa so wie in der Donaueschinger City am Samstagnachmittag, aber das ist sehr schön.

## 18 Boadilla del Camino

Gestern war es windig und staubig, heute geht es so weiter. Feldweg durch Felder, Ebene, in der Ferne rechts und links Berge. Aber dann geht es am Wegrand einen guten Meter bergauf und ich stehe überrascht vor einem breiten Kanal. Hätte ich meinen Führer genauer angeschaut, wäre es keine Überraschung gewesen, da steht was vom Canal de Castilla.

Dieser Kanal ist nicht nur ein Bewässerungssystem, so wie die vielen kleinen Kanäle, die ich schon überquert habe. Er diente ursprünglich auch dem Transport von Getreide aus der Meseta in die Hafenstädte, deshalb gibt auch heute noch ein paar spektakuläre Schleusenbauwerke.

Am Wasser verändert sich die Stimmung der Landschaft völlig. Kein Staub, keine leeren Felder, dafür Vogelgezwitscher und Froschquaken. So stelle ich mir das Gefühl vor, in der Wüste eine Oase gefunden zu haben.

Ich spüre, wie ich innerlich auflebe. Ganz anders als Hape Kerkeling, der beschreibt diese Szene so: „… latsche ich erschöpft und ausgepowert an einem nicht enden wollenden Kanal entlang, der genauso lahm vor sich hinplätschert, wie ich mich voranschleppe"[107]. Gut, er hat an dieser Stelle schon mehr als 30 Kilometer gemacht und es wird Abend, ich bin erst seit einer halben Stunde unterwegs, das ändert natürlich die Perspektive.

Am Kanal entlang geht es nach Frómista, wo die laut Führer „eine der schönsten Kirchen Spaniens"[108] mal wieder geschlossen ist, aber sie ist auch von außen schön. Möglicherweise ist sie aber auch zu, weil Ulrich Hinse dort seine Leiche Nummer drei (oder schon vier?) vergessen hat[109], beziehungsweise weil die Ermittlungen noch nicht abgeschlossen sind.

Anstatt die Kirche zu besuchen, muss ich mich bei meinem jungen Franzosen von gestern entschuldigen. Es gibt auch in Spanien Carrefour-Märkte. Es gibt aber auch in Frómista Pilger, die palettenweise Dosenbier kaufen, sicher nicht zum Austrinken vor Ort, sondern Vorratshaltung. Liebe Pilgerbrüder, das ist unnötig. Es gibt in jedem Dorf Bier, und ab jetzt auch alle fünf Kilometer ein Dorf.

Von Frómista nach Carrión de los Condes führt der Camino über 20 Kilometer neben der schnurgeraden Nationalstraße entlang und ich überlege

---

107 Hape Kerkeling Seite 130
108 ADAC Wanderführer Seite 100
109 Ulrich Hinse Seite 142

den Bus zu nehmen. Es gibt einen, die Abfahrtszeit passt, sagt mein Smartphone, aber dann ist da noch ein komischer Buchstabe neben der Abfahrtszeit. Ok, der bedeutet dass dieser Bus nur donnerstags fährt, und heute ist definitiv nicht Donnerstag.

Nun, schnurgerade Wege sind ja nichts Neues und der Verkehr auf der Straße ist so gering, dass er wirklich nicht stört. Außerdem wäre mir im Bus der Ort Villalcázar de Sirga entgangen, der sich durch eine riesige Templerkirche auszeichnet, sicher der Ort, der für seine Größe die unverhältnismäßig größte Kirche hat. Die 229 Einwohner[110] würden wohl problemlos unter das Vordach beim Hauptportal passen.

Die Kirche, das weiß ich von Carmen Rohrbach, ist oft Location spanischer Hochzeiten, wie übrigens auch Eunate, die Gesellschaften kommen von weit her. Zu Carmens Zeiten hatte der Ort noch 1300 Einwohner[111]. Wenn man diese Entwicklung extrapoliert, muss der Ort zur Bauzeit der Kirche… ups, ich glaube so darf man nicht rechnen. Jedenfalls nicht hier, beim Klimawandel vielleicht schon, aber das ist wieder eine andere Geschichte.

Tja, Klimawandel und Umweltschutz. Schon klar, das was mir auf dem Weg manchmal in´s Gesicht bläst ist kein Klima, sondern Wetter. Nur Wetter, aber ohne Hinweis für Erwärmung.

---

[110] Joan Fiol Boada Seite 105
[111] Carmen Rohrbach Seite 178

Ich habe bei allem Respekt vor der Naturwissenschaft oft das Gefühl, dass ich beim Thema Klimawandel verarscht werde; mir fällt kein politisch korrektes Wort dafür ein.

Wenn es in der Antarktis drei Grad wärmer wird, dann hat es anstatt minus 42 minus 39 Grad. Davon schmilzt kein Eis. Und wenn in der Arktis das Eis schmilzt, welches ja bekanntlich auf dem Meer schwimmt, dann steigt davon der Meeresspiegel um keinen Millimeter. Wer es nicht glaubt, möge einen Eiswürfel in ein Glas heißen Kräutertee geben und schauen ob beim Schmelzen das Glas voller wird. Es geht auch mit Glühwein. Oder sein altes Physikbuch holen und nachlesen.

Die Zusammenhänge müssen also deutlich komplexer sein. Das war ja schon immer so. 1971 hieß ein Thema im Deutsch-Abitur in Bayern „Der Umweltschutz gewinnt immer mehr an Bedeutung. Nehmen sie dazu Stellung und setzen sie sich mit den Möglichkeiten eines effektiven Schutzes auseinander". Ich war damals dabei und es war die einzige Eins, die ich im meinem Schülerleben in Deutsch geschrieben habe. Ich habe mich auseinandergesetzt und keine einfachen Wahrheiten der Gutmenschen propagiert.

Ich wusste, dass ich mit der Gemisch-Schraube am Vergaser meiner Ente den Ausstoß von Kohlenmonoxid -CO- verringern kann, dies aber um den Preis einer Vermehrung des Ausstoßes von Stickoxiden. Das Kohlenmonoxid war gefährlicher, damit konnte man sich umbringen; das Kohlendioxid -$CO_2$- gab es damals wohl auch schon, aber es war noch nicht an allem schuld.

Und heute? Was sind wir alle doch umweltbewusst und ökologisch korrekt! Autobauer unterbieten sich mit dem $CO_2$-Ausstoß ihrer Produkte, als gäbe es keine anderen Schadstoffe. Niemand spricht vom Methan, dem ungleich gefährlicheren Kuhfurzgas. Außer Frank Schätzing[112], aber das ist ja nur Unterhaltung.

Keiner fragt, wieviel Schadstoffe eine Katjuscha-Rakete der Hisbollah ausstößt oder nach der Feinstaubbelastung durch bei Demonstrationen

---

[112] **Der Schwarm**, Frank Schätzing Roman. Kiepenheuer & Witsch , Köln 2004, Seiten 1-997

brennende Autoreifen. Ganz zu schweigen von Vulkanausbrüchen, deren einzelner Schadstoffausstoß deutlich größer ist als der aller jemals produzierten Citroen 2CVs, die keine grüne Plakette bekommen.

Die grüne Plakette, die seit Jahren alle Neuzulassungen bekommen und die deshalb wirklich nur noch eine blöde Sichtbehinderung ist. Nebenbei bemerkt: Die Feinstaubprobleme zum Beispiel in Stuttgart wären auf einen Schlag gelöst, würde die Stadt nur noch PKWs mit roter Plakette reinlassen; vermutlich hätte das auch einen positiven Einfluss auf die oft beklagte Parkraumknappheit.

Aber warum bauen wir immer größere, immer schnellere Autos? Warum war in Deutschland der Sechszylinder schon Standard beim Mittelstand, als der französische Staatspräsident noch Vierzylinder gefahren ist? Warum vertragen deutsche Spitzenautos keine Schlaglöcher und brauchen deshalb immer teurere Straßen, während Franzosen schon immer Autos konstruieren, die für schlechtere Straßen geeignet sind?

Ich habe seit kurzem eine Bahncard, ich fahre jetzt mit 100% Ökostrom. Ja und vorher, oder die Leute ohne Bahncard? Womit fahren die denn? Mit Braunkohlestrom oder Atomstrom-Import aus Polen oder Frankreich? Und wenn ich mit Ökostrom Bahn fahre, dann läuft halt mein Radiowecker mit Atomstrom, oder?

Ich bin schon immer für Energiesparen und Umweltschutz. Aber ich habe etwas gegen Gutmenschen, die mir in überheblicher Rechthaberei einfache Pseudowahrheiten aufdrängen.

Ähnlich geht es mir mit dem Ausstieg aus der Nutzung der Kernenergie, mit dem Atomausstieg. 1997 durfte ich in Villingen eine Rede halten, die meine Parteifreunde dazu bewegen sollte, mich zum Bundestagskandidaten zu wählen. Ich war seinerzeit überzeugt, dass Kernenergie wegen der ungeklärten und auch nicht klärbaren Frage der Müllentsorgung keine Zukunft haben kann. Was wäre heute, hätten die alten Ägypter anstatt Pyramiden Kernkraftwerke gebaut[113].

Ich habe dann John F. Kennedy zitiert mit seiner Aufforderung an das Volk der Vereinigten Staaten von Amerika im Jahr 1959: zusammenzustehen um

---

[113] Dank für diesen Vergleich an Gerhard Mengesdorf, St. Georgen

in zehn Jahren auf dem Mond zu landen. Was die ja auch geschafft haben. Für einen Atomausstieg hätte das bei uns bedeutet, alle technischen, wirtschaftlichen und gesellschaftlichen Energien und Möglichkeiten zu bündeln auf das Ziel in z.B. zehn Jahren Alternativen zur Kernenergie zu entwickeln. Und erst dann, wenn das geschafft ist, die Atomkraftwerke abzuschalten.

Nun, ich wurde von der Partei als Kandidat gewählt, vom Volk aber nicht als Abgeordneter, und gut zwanzig Jahre später wurden dann die Atomkraftwerke abgeschaltet wegen eines Tsunami in Japan, ein in Deutschland eher unwahrscheinliches Ereignis, und das ohne vorher ausreichend Alternativen entwickelt zu haben.

Aber wir können ja Atomstrom importieren, aus Kraftwerken die sicher unsicherer sind als es unsere je waren. Hauptsache die Gutmenschen fühlen sich als solche.


Wenn sie, anstatt über solche Dinge zu grübeln, den Umweg zur Eremitage Virgen del Río, Jungfrau des Flusses, nachvollziehen wollen[114], dann Vorsicht mit Google und Co.
Die schicken sie Richtung Südwesten, da gibt es auch eine Eremitage gleichen Namens, auf die auch die Beschreibung passt, aber die liegt bei Villada südlich von Sahagún. Das zieht sich.
Die jetzt richtige Eremitage liegt nordöstlich von Villalcázar an einem kleinen Fluss. Logisch, daher der Name. War da heute nicht schon mal ein Fluss, den ich überquert habe, in Población de Campos? Es ist der gleiche Rio Ucieza.
Mensch Jakob, da hätte ich doch am Fluss entlang laufen können, an der Eremitage vorbei zum Zwischenziel? Und nicht an der Straße mit den unzähligen Muscheln auf Betonstelen entlang?
Vor allem, wo das doch der historisch richtige Weg ist. Das sagen Fotos auf Google Earth. Und auch bei Petra Oelker ist dieser Weg beschrieben: „Sie [die Titelheldin Leo] fühlte sich, als habe sie die reale Welt des 21. Jahrhunderts und seine Menschen hinter sich gelassen. Sie ging auf einem kaum

---

[114] Carmen Rohrbach Seite 178ff

mehr als fußbreiten Pfad entlang eines munteren flachen Flüsschens… verwilderte Wiesen zeigten sich als buntes Gewebe von Margeriten und Klatschmohn, …[115]". Da habe ich wohl wirklich was verpasst. Zu spät. Ich bin hier auf Feld 32 des Gänsespiels, danach also schon die Hälfte ge-

schafft. Ich raste auf dem neu gestalteten Vorplatz der Templerkirche, überlege ob ich mich neben den bronzenen Kollegen setzen soll und versuche, die Funktionsweise des Erwachsenenspielplatzes zu durchschauen.

Der liegt direkt neben dem Kinderspielplatz und ist bestückt mit Geräten wie andere sie aus dem Folter-, äh Fitnessstudio kennen mögen.

Es sind aber weder Kinder noch andere Menschen zu sehen, es ist Siesta-Zeit. Ich warte nicht, bis der Ort vielleicht aufwacht, Carrión de los Condes ist sicher ein lebhafteres Etappenziel.

Der Weg bleibt gerade, wird aber etwas hügelig. Nicht weiter anstrengend, es ist eher spannend, wenn man nicht sieht, wo man in zwei Stunden sein wird.

---

[115] Petra Oelker Seite 217

In Carrión de los Condes hat man für die Störche extra einen baufälligen Kirchturm stabilisiert.

*Spielplatz für Erwachsene*

Das zugehörige Kloster bietet eine Herberge an. Es sieht allerdings verdächtig nach Pflichtmesse und Zwangseinschluss aus, da gefällt mir eine

*Störche in Carrión de los Condes*

Casa Rural am Rand der Altstadt besser. Mehrere Zimmer um einen Innenhof hinter der Küche des Restaurants, mit Tischen und Stühlen, und Aschenbechern, das passt.

Das Essen ist gut und günstig und eine Gruppe Radfahrer, ausweislich ihrer T-Shirts Ultralight-Flieger, die an den Nebentischen Platz nimmt, stört nur wenig: weil sie unter den Tischen, auch unter meinem, rumkriechen und nach Steckdosen für ihre Navi-Ladegeräte suchen. Warum braucht in einer Gruppe Rad fahrender Flieger jeder sein eigenes Navi?

Hape Kerkeling ist auch da. Er hat sich nach mentalen Ausflügen unter anderem in den Prager Winter[116], eine wirklich spannende und lustige Geschichte, allerdings das beste Hotel im Ort ausgesucht, das umfunktionierte Real Monasterio San Zoilo[117]. Ein königliches oder wirkliches Kloster, das haben wir ja in Burgos gelernt.

Wenn ich seine Beschreibung lese- das hätte ich mir vielleicht auch gönnen sollen!

---

[116] Hape Kerkeling Seite 136ff
[117] Hape Kerkeling Seite 142

# 19 Carrión de los Condes

Ein "langer eintöniger Abschnitt von etwa vier Stunden, ohne Möglichkeit sich zu versorgen", sagt der Führer[118]. Also nicht als Tagesprogramm, sondern mal so für den Anfang. Ich belaste mich mit drei Litern Wasser und marschiere los.

Erst mal geht es fünf Kilometer auf einer geraden asphaltierten Straße voran, die hat Kilometerschilder und so kann ich messen, dass ich für einen Kilometer 15 Minuten brauche. 17,5 Kilometer ist die Strecke lang, das werden mehr als vier Stunden.

Nach der Asphaltstraße kommt ein breiter Kies- beziehungsweise Schotterweg, mein Führer Joan Fiol Boada sagt, das wäre die Römerstraße Via Trajana[119], aber da irrt er. Es ist die Via Aquitana, wie mehrere Abschnitte des Camino, diesmal hat der ADAC es richtig beschrieben[120]. Oder doch anders? Also, es ist so: Die alte Römerstraße heißt Via Aquitana, aber sie wird in der Literatur manchmal auch Via Trajana genannt. Auf den Wegsteinen heißt sie Aquitana.

Und die ist nicht eintönig, also nicht wirklich. Ich kann innerlich über die Mitpilger lästern, die mich ohne Rucksack, nur mit einer kleinen Provianttasche, überholen. Es gibt mehrere Wasserstellen und auf halbem Weg hat ein Spanier endlich mal die eigentlich naheliegende Idee gehabt, sich mit ein paar Getränken und Obst an den Weg zu stellen und ein Geschäft zu machen. Außerdem gibt es Bäume und Büsche und nicht zuletzt eine phantastische Aussicht auf die Berge im Norden, die blau und schneebedeckt herübergrüßen.

---

[118] Joan Fiol Boada Seite 107
[119] Joan Fiol Boada Seite 107
[120] ADAC Wanderführer Seite 109

Nicht täuschen lassen von der Perspektive, aber wenn ich schon ein Teleobjektiv mitschleppe, dann muss ich es zumindest einmal auch ausfahren.

Gut, der Rest sind ebene Felder, um diese Jahreszeit sind keine bäuerlichen Aktivitäten zu beobachten, klar. Aussaat vorbei, Ernte noch in weiterer Ferne. Es wundert mich trotzdem, dass ich keine landwirtschaftliche Infrastruktur wie Lagerhallen, Garagen für Traktoren und Maschinen, Silos und so weiter sehe.

Was ich sehe, ist mein Schatten, der läuft vor mir her. Klar, ich laufe recht exakt Richtung Westen, also habe ich vormittags die Sonne im Rücken und den Schatten vor mir. Die anderen Pilger übrigens auch, also jeweils den eigenen Schatten. Mittags um zwölf ist der Kollege etwas kürzer geworden, aber überholen werde ich ihn erst nachmittags um viertel nach drei. Um diese Zeit beginnt also geographisch der Nachmittag in dieser Gegend!

Ich erinnere mich an Hape Kerkelings Beschreibung dieses Abschnitts: Man sieht das Zwischenziel erst, wenn man davor steht, weil es in einer Senke liegt.

Es gibt auch Radfahrer, einer überholt mich, Quatsch alle überholen mich, aber der eine trägt eine knallgelbe Warnweste, und deshalb sehe ich ihn noch lange, nachdem er an mir vorbeigezogen ist, und ich sehe wie er plötzlich

154

über den Horizont kippt: jetzt weiß ich wo Calzadilla de la Cueza, so heißt der Flecken, ist und das verkürzt mir den gefühlten Weg.

Aber er bleibt trotzdem lange genug, um noch Gedanken hochkommen zu lassen.

Ich laufe doch hier unter der Milchstraße entlang, das ist ja ein wesentliches Merkmal des Jakobswegs, sagt man. Der ironische Zweig in mir sagt, dass zumindest auf der Nordhalbkugel alle Ost-West-Wege längs unter der Milchstraße laufen, also auch die B12 von München nach Mühldorf, nur zum Beispiel, Aber lassen wir das mal. Ich glaube, die Idee einem tschechischen oder bayrischen LKW-Fahrer auf dem Rastplatz Neupullach zu erklären, dass er unter der Milchstraße fährt, könnte buchstäblich in´s Auge gehen.

Man sollte, das ist mein Gedanke, zumindest eine Etappe mal bei Dunkelheit laufen, bei klarem Himmel, am besten eine, wo es kein künstliches Licht gibt, dann sieht man die Sterne. Dieser Abschnitt wäre dafür ideal.

Ich habe nur einmal die Milchstraße wirklich in ihrer ganzen Pracht gesehen, das war in Norwegen, die nächsten Dörfer mehr als zehn Kilometer entfernt und nach neun Uhr abends unbeleuchtet, Städte Fehlanzeige, und hier sind die Bedingungen wohl ähnlich.

Ich frage mich: würden Forscher und Gelehrte heute noch wie in der Antike und im Mittelalter auf die Idee kommen, den Lauf der Planeten, die Position der Sterne, die Sternbilder erforschen und beschreiben zu wollen? Oder ging das nur damals, als es keine Lichter in der Nacht und kein Fernsehprogramm gab?

Diese Gedanken bringen mich immer auch zu der Frage, ob es im Weltall, außer auf der Erde, Leben in vergleichbarer Form gibt. Ich habe für die Antwort einen mathematischen und einen religiösen Ansatz, ohne zwischen diesen beiden Welten Zwietracht säen zu wollen.

In einem unendlichen Weltall gibt es mathematisch-logischerweise auch alle Einzelelemente unendlich oft. Egal wie weit weg, vielleicht unendlich weit. Also unendlich viele Milchstraßen, Sonnen, Planetensysteme, Planeten ohne und eben auch mit Leben.

Und religiös: wenn Gott in sechs Tagen die Erde mit deren Leben erschaffen hat, ok, dazu ein Ruhetag, dann stellt sich doch die Frage: was hat er denn in den Wochen davor und danach gemacht, was erschafft er denn gerade jetzt? Die Bibel, das Alte Testament, blendet diese Frage komplett aus.

Um ein System zu begreifen, braucht man ein übergeordnetes System. Ich kann das menschliche Bewegungsorgan, das Verdauungssystem verstehen, wenn ich dazu mein übergeordnetes System Gehirn benutze. Das Gehirn zu verstehen ist schon schwieriger, womit denn auch. Um das System Weltall und Unendlichkeit zu verstehen, müsste man ein nicht zur Verfügung stehendes übergeordnetes System benutzen. Ist das Gott?

Ich komme da jetzt nicht weiter, denn ich habe Hunger, die Knochen tun weh und ich bin müde. Aber inzwischen auch weit genug Richtung Horizont vorangekommen.

Der Ort begrüßt mich mit zwei Herbergen, eine davon mit Schwimmbad, sieht gut aus, es ist aber noch zu früh. Aber Zeit für ein Bier in der Bar, Elektrolyte ausgleichen. Noch sechs Kilometer die N 120 entlang, dann reicht es mir für heute, obwohl Lédigos ziemlich klein aussieht. Es gibt eine Bar mit Herberge, Innenhof, Garten, und Wäsche waschen ist fällig. Sonne und Wind zum Trocknen gibt es auch.

Die Bar und Herberge heißt „El Colombar", das ist irgendwas mit Tauben. Und tatsächlich gibt es in dem Dorf ein paar runde Gebäude ohne Fenster, so kleine Türme, in die und aus denen oben Tauben rein- oder rausfliegen. Es sind sicher keine Brieftauben, also wohl eine Verpflegungsergänzung für die Dorfbevölkerung, falls es die noch gibt.

Im Innenhof sitzt eine Gruppe Pilger aus Österreich, das kenne ich an der Sprache. Eine lässt sich von einem Amerikaner, der ebenso wenig österreichisch versteht wie die Österreicherin englisch, die Füße massieren. Die Unterhaltung ist einseitig, die Pilgerin spricht, der Masseur hört zu und lächelt.

Zuhören ist unvermeidlich, so lerne ich, dass man, wenn man mit dem Zug von Wien nach St.Pölten fährt, eine halbe Stunde in Sankt Valentin stehen bleibt. Und dass man immer ein Tascherl dabei haben muss, vor allem im Ausland.

Zufall oder System: Hape hat hier auch eine Österreicherin getroffen, die ihn als running Gag ein paar Tage damit nervt, dass sie immer ein Geschäft, ein „G´schäfterl", sucht[121].

Ich mache noch einen Spaziergang durch den Ort, der völlig menschenleer ist, obwohl die Zeit der Siesta wirklich rum ist, zur Kirche, die auf einem kleinen Hügel liegt.

Sie ist ... offen!! Das liegt daran, dass gerade Messe war. Etwa fünf ältere Menschen verlassen gerade die Kirche, der Küster will zusperren, als er mich sieht. Er bittet mich herein und zeigt mir die Kirche. Es gibt drei Darstellungen des guten Jakob: als Apostel, als Pilger und als Maurentöter.

---

[121] Hape Kerkeling Seite 163, 168, 179

Vor der Kirche stehen noch die Besucher der Messe. Ihr Sohn sei in Deutschland, sie habe ihn schon lange nicht mehr gesehen, erzählt eine alte Frau. Und sie selber stamme aus Santander, am Meer. Jetzt aber sei sie halt hier, und die Bewohner des Orts würden immer weniger. „Somos todos peregrinos", wir sind alle Pilger, meint sie zum Abschied.

Die wenigen anderen Bewohner verschwinden dann auch schnell, und der Ort ist wieder gespenstisch menschenleer. Irgendwie hinterlässt das alles eine merkwürdig gedämpfte, ja traurige Stimmung. Auch der Jakob, dessen dritte Funktion ich mir bisher nicht so recht klar gemacht hatte. Der große Kriegsherr und Maurentöter, Jacobus matamuros.

Auch in dieser Herberge hat sich eine bisher von mir unbeachtete Türe aufgetan, dahinter liegt der Speisesaal und die Mitpilger sind fröhlich und laut beim Menü. Das kann ich jetzt nicht brauchen, also die Gesellschaft. Zu Essen habe ich noch im Gepäck, und auch zu trinken.

Der Schlafsaal ist eher klein, 10 Betten, und alle auf dem Boden, also keine Doppelstockregale, nicht alle belegt. Der übliche Schnarcher ist dabei, und deshalb bin ich früh wieder raus.

Die anderen sind alle noch da, also war ich wohl kein Schnarcher.

# 20 Lédigos

Ich will heute nur bis Sahagún. Das sind 17 Kilometer, aber hinter Sahagún kommt wieder so was langes Eintöniges ohne Verpflegung, der Páramo Leonés, und außerdem ist es eine größere und vielleicht –sicher!- eine interessante Stadt. Außerdem die geographische Mitte des Camino, sagt man. Ich dachte eigentlich, ich sei schon weiter? Es spricht alles für einen halben Ruhe- und Kulturtag.

Der Weg ist angenehm, etwas hügelig, die N 120 außer Sichtweite, die Luft frisch und trocken, die Felder mit Mohnblumen gesprenkelt. An dem Ort Teradillos de Templarios laufe ich vorbei, er sieht so tot aus wie Lédigos, und die Legende, die besagt, dass dort die Templer das Huhn, das goldene Eier legt, begraben hätten[122] animiert mich um diese Tageszeit auch nicht zu einem Umweg.

An einer parallel zum Weg laufenden Stromleitung hängt… ein Paar Schuhe! Da muss jemand ein gestörtes Verhältnis zu seinen Schuhen, gehabt haben, er hat sie weggeworfen. In Richtung unserer Himmelsbewohner, der muss wirklich eine Mordswut auf seine Schuhe oder die da oben gehabt haben.


Bei mir ist alles gut, und deshalb mal wieder Zeit zum Denken. Denken an… das Gesundheitswesen, das passt doch!

Ich habe einen Haufen Gesundheitsreformen erlebt, also irgendwelche kleine, meist bürokratische und letztlich unwirksame Änderungen am System der gesetzlichen Krankenversicherung.

Ich habe nie einen Versuch beobachtet, das System tatsächlich und ernsthaft auf den Prüfstand zu stellen. Vielleicht weil man Angst hat, dass es dann runterfällt und zerbricht.

Eine Versicherung übernimmt für ihre Kunden Zahlungen oder erstattet Zahlungen, die der Versicherungsnehmer leisten muss oder erbracht hat-oder? Jedenfalls läuft das so bei Hausrat-. Haftpflicht, Rechtsschutz- und

---

[122] Ulrich Hinse Seite 194

privater Krankenversicherung. Aber nicht bei der gesetzlichen Krankenversicherung. Die bezahlt Pauschalen an die Kassenärztliche Vereinigung, und die verteilt das Geld dann unter den Leistungserbringern, also Ärzten, Physiotherapeuten und so weiter. Das ist „als würden alle Arbeitgeber die Löhne und Gehälter an die Gewerkschaft überweisen, und die verteilt das Geld dann"[123].

Ich habe mir zum Vergleich mit der Gesetzlichen Krankenversicherung GKV das schöne Beispiel einer BKV, einer Brot-und-Kuchen-Versicherung gebastelt:

Die Versicherten bezahlen Beiträge an diese BKV, der Arbeitgeber übernimmt davon die Hälfte. Dafür gibt es eine Plastikkarte, mit der man sich ohne weitere Kosten Brot und Kuchen besorgen kann.

Die Folgen sind klar: Man nimmt zehn Brötchen, Schrippen, Semmeln oder Weckle, es könnte ja sein, dass Besuch kommt. Wenn die Kirschtorte nicht schmeckt, holt man beim nächsten Bäcker eine neue. Das geht natürlich nicht lange gut, denn der BKV werden auf diese Art bald die Kosten davonlaufen. Also muss die Politik erst mal der GKV verbieten, die Beiträge zu erhöhen, sonst gibt es Stress mit dem Volk.

Um die Kosten zu dämpfen, greift man dann zu den Instrumenten der Budgetierung und der Zulassungsbeschränkung. Budgetierung bedeutet, die Politik legt fest, wieviel Geld pro Jahr für Brot und Kuchen zur Verfügung steht. Die Bäcker bekommen kein Geld mehr, sondern Punkte, und wieviel Geld sie dann nach ein paar Monaten für einen Punkt bekommen hängt davon ab, wieviel sie alle miteinander gebacken haben, war es viel ist die Vergütung für das einzelne Brot halt deutlich geringer. Zulassungsbeschränkung heißt, die Zahl der Bäckereien wird begrenzt. Eine auf 1000 Einwohner, zum Beispiel.

Bevor sie jetzt sagen: „So ein Schwachsinn!" −Das war eine genaue Beschreibung unseres Systems der gesetzlichen Krankenversicherung. Eine wirkliche Reform würde heißen: Privatversicherung für alle. Und bevor sie

---

[123] Ups, ich weiß nicht mehr von wem der Satz ist. Nur dass ich ihn im Stern gelesen habe. Sorry.

jetzt rufen: „Unrecht! Soziale Kälte!" lesen sie bitte noch eine Seite weiter, ok?

Jeder Handwerker schreibt seinen Kunden eine Rechnung, in der Höhe ist er an eine Gebührenordnung gebunden. Der Kunde bezahlt, und wenn er eine entsprechende Versicherung hat, kann er sich das Geld zurückholen. Warum nicht bei Ärzten und Patientinnen auch so? Es soll ja nicht teurer werden, nur bewusster und kontrollierbar. Eine Gebührenordnung gibt es schon[124], danach würde eine Beratung € 4,66[125] kosten, die vollständige Untersuchung eines Organsystems, also z.B. des Bewegungsapparates, d.h. Arme, Beine und Wirbelsäule ebenfalls € 4,66.

Wenn sie das vergleichen mit den Kosten für einen Haarschnitt, dann erkennen sie, dass unser Gesundheitswesen in diesen Bereichen der ambulanten ärztlichen Versorgung nicht wirklich teuer ist. Ein Hausbesuch durch den Arzt einschließlich Beratung und Untersuchung ist mit € 18,65 immer noch deutlich billiger als der Besuch eines Schlüsseldienstes. Eine Kreuzbandplastik am Knie ist mit € 134,64 recht preiswert, die Operation eines Leistenbruchs mit € 75,19 ein Schnäppchen und selbst eine neue Herzklappe ist mit € 326,41 für jedermann erschwinglich, auch wenn da noch Materialkosten dazukommen.

Sicher müsste man das System so gestalten, dass kein Kranker in Vorleistung treten muss. Man muss auch keine AOK abschaffen, nur das Bezahlsystem umstellen.

Natürlich weiß ich, dass alle Beteiligten Gegenargumente haben, aber die kann ich kontern. Im Bundestagswahlkampf 2002 habe ich bei einer Podiumsdiskussion sogar die Gewerkschaftler überzeugt, das war gar nicht so schwierig. An einer Idee, gegen die alle was haben, muss was Richtiges dran sein.

---

[124] Gebührenordnung für Ärzte GOÄ, Deutscher Ärzte-Verlag Köln
[125] Einfacher Satz der GOÄ

Mittlerweile nähere ich mich wieder der N 120, überquere sie gefahrlos und komme drüben zur Kapelle La Virgen del Puente, die gerade renoviert wird und deshalb geschlossen ist.

In Sichtweite der Kapelle Richtung Sahagún markieren zwei Säulen die Mitte des Camino.

Dahinter kommt, wenn der Staub sich verzogen hat, Sahagún in´s Blickfeld; ich sehe endlich einen großen Getreidespeicher, so was muss es bei all den Feldern ja auch geben. Der Speicher stört also nicht, sondern beruhigt, der Verbleib der Ernte ist erklärt. Obwohl- der Speicher ist nicht größer als die Silos am Bahnhof in Donaueschingen, aber die Felder waren doch deutlich größer als bei uns auf der Baar? Immer diese offenen Fragen…

Ein großes Hotel am Stadtrand verspricht Sonderpreise für Pilger, aber auch Entfernung zur Stadt. Also weiter in Richtung Zentrum, vorbei am Bahnhof und an der Stierkampfarena, die kein Lebenszeichen von sich gibt, auch keine Veranstaltungs-Plakate. Ich glaube, Stierkampf ist auch eine Frage der Jahreszeit, kann das sein?

Ich bin mittags im Zentrum und bekomme das letzte Zimmer in einem von Franzosen geführten Hostal neben der Kirche La Trinidad, die wie die ganze Stadt französische Wurzeln hat, die Mönche von Cluny hatten hier ein großes Kloster.

Sahagún, das weiß ich ja schon, sei die Mitte des Weges, nach Länge gerechnet. Ein guter Marketinggag, der vom Kloster Virgen Peregrina, das etwas außerhalb der Kernstadt und ab vom Weg liegt, auch ausgenutzt wird. Es hängen überall Zettel an Kirchentüren und anderswo, die eine Urkunde über das Bewältigen des halben Weges versprechen, wenn man eben dieses Kloster besucht.

Ich versuche es, das heißt ich suche erst mal das Kloster, das ich in meiner Naivität in der Innenstadt vermute. Auf diese Weise komme ich zu zwei interessanten Kirchen, eine in der die Figuren und Festwägen für die Prozession in der Karwoche wohnen und besichtigt werden können.

*San Lorenzo, Sahagún*

Und auch sonst bietet Sahagún interessante Perspektiven zwischen alt und neu, gepflegt und versifft.

Ich frage dann in einer Bar einen Herrn vor dem Tresen, und der schickt mich an den Stadtrand, dort finde ich dann auch einen Wegweiser und das Kloster.

Die wollen erst mal Eintritt, drei Euro, aber dann habe ich meine Urkunde.

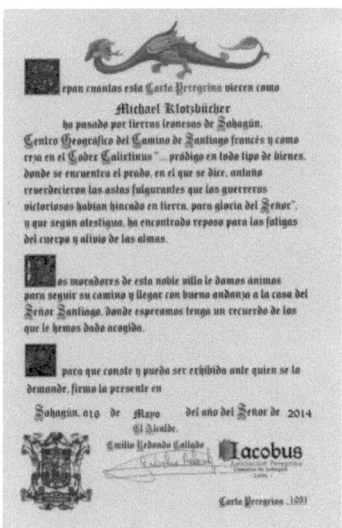

Die sieht schon mal nach was aus und sagt, unter dem Vorbehalt meiner Spanischkenntnisse, folgendes:

ALLE DIE DIESEN PILGERBRIEF SEHEN SOLLEN WISSEN DASS
**MICHAEL KLOTZBÜCHER**
DURCH DAS LAND VON LEÓN NACH SAHAGÚN GEKOMMEN
IST.

GEOGRAFISCHES ZENTRUM DES FRANZÖSISCHEN JAKOBSWEGS UND BEREITS IM CODEX CALIXTINUS EIN „VORBILD FÜR ALLE ARTEN VON ANNEHMLICHKEITEN GENANNT. HIER BEFINDET SICH DIE WIESE AUF DER FRÜHER –SO SAGT MAN– DIE SIEGREI-CHEN KRIEGER ZUR EHRE DES HERRN IHRE FAHNEN AUFSTELLTEN".
HIER HABEN SIE RUHE UND ERHOLUNG FÜR KÖRPER UND GEIST GEFUNDEN.
DIE BEWOHNER DIESER EDLEN STADT WOLLEN IHNEN MUT MA-CHEN DEN WEG FORTZUSETZEN UND GUT IM HAUSE DES HERRN SANTIAGO ANZUKOMMEN. WIR HOFFEN DASS SIE SICH DANN DARAN ERINNERN DASS WIR SIE AUFGENOMMEN HABEN.
DAMIT SIE DIESEN BRIEF JEDEM ZEIGEN KÖNNEN DER DANACH FRAGT UNTERZEICHNET DIES IN
SAHAGÚN AM 16. MAI IM JAHRE DES HERRN 2014

DER BÜRGERMEISTER
EMILIO REDONDO CALLADO

Aber zurück zur Frage nach der Mitte des Weges. Die ist schwer zu beant-worten, denn es gibt ja verschiedene Varianten und auch weil zum Beispiel durch den Flughafen Burgos mit seiner queren Landebahn die erste Hälfte des Weges länger geworden ist.

Aber halt, in Santiago gibt es ja auch einen queren Flughafen, der im Mit-telalter noch nicht bei der Streckenberechnung berücksichtigt wurde. Dann kommt es wohl auf die Zahl und Größe der Kreisverkehre an, ob die Mitte nach Osten oder nach Westen verschoben wurde. Das sollte man halt mal berechnen, ohne Ost und West zu verwechseln.

166

Verwechseln, zum Beispiel lechts und rinks, passiert nämlich leicht. So auch bei der neuen Rheinbrücke in Laufenburg. Es gibt zwei Laufenburgs, ein deutsches und ein schweizerisches, und dazwischen eben den Rhein. Über den sollte eine neue Brücke gebaut werden.

Die Ingenieure oder Architekten wussten auch, dass es da ein Problem gibt. Die Schweiz benutzt als Bezugspunkt für Höhen den Spiegel des Mittelmeers, Deutschland die Meereshöhe der Nordsee. Das ist ein Unterschied von 26 Zentimetern.

Es wurde also geplant, die Differenz berücksichtigt, gebaut und gestaunt: Höhendifferenz der Brückenhälften 52 Zentimeter. Falsch rum berücksichtigt, dumm gelaufen. Aber am Schluss irgendwie baulich ausgeglichen, die Brücke gibt es.

In Sahagún fängt das Leben in den Straßen und auf den Plätzen abends so gegen neun an. Da kommen dann auch die Kinder aus den Häusern.

Schön, dass ich nicht, wie in Burgos, um zehn in der Herberge sein muss. Sonnenuntergang hier ist heute, Mitte Mai, um 21:35 Uhr.

Mein Zimmer im Hostal liegt im Erdgeschoß. Gut, dass mir die Geschichte von Hape Kerkeling in dieser Nacht nicht bewusst war. Der wurde doch mal beinahe von irgendwelchen randalierenden Jugendlichen zum Spaß erschossen, er hat sich mit einem Eimer Wasser erfolgreich verteidigt, das war in Sahagún[126].

Aber weil ich eben nicht daran denke, und auch an nichts anderes michoder weltbewegendes, schlafe ich gut und fest. So bin ich am nächsten Morgen fit zum Weiterlaufen, während Hape mit dem Zug nach León fährt[127].

---

[126] Hape Kerkeling Seite 188
[127] Hape Kerkeling Seite 191

## 21 Sahagún

Fünf Kilometer hinter Sahagún gilt es eine Entscheidung zu treffen. Geradeaus nach El Burgo Ranero, 13 Kilometer; dann vielleicht noch ein bisschen weiter, oder nördlich nach Calzadilla de los Hermanillos, 10 Kilometer, und von dort weitere 24 Kilometer nach Mansilla de las Mulas ohne möglichen Zwischenstopp in irgendeinem Dorf.

Ich entscheide mich für die sportliche Variante, schließlich war gestern sozusagen Ruhetag. Die ersten 10 Kilometersind auch wirklich locker und schön. Es geht über die Bahnlinie von Barcelona am Mittelmeer nach Vigo am Atlantik, eine Ost-West-Highspeed-Strecke. Ein netter See neben den Gleisen ist künstlich angelegt, man kennt sowas auch bei uns als Ausgleichsmaßnahme für Landschaftsverbrauch durch Straßen- oder Bahnlinienbau.

Die Landschaft ist anders als bisher, eben, aber gegliedert durch Wälder, und es wird langsam warm.

Warum sich ausgerechnet hier mal wieder jemand von seinen Schuhen getrennt hat, verstehe ich eher nicht, sie stehen jedenfalls einsam, aber ordentlich nebeneinander auf einem Steinsockel. Vielleicht wegen der guten Beschaffenheit des Weges nach einer Rast schlicht vergessen?

In Calzadilla de los Hermanillos sind leider beide im Reiseführer versprochenen Bars geschlossen, stimmt ja, heute ist Sonntag. Mit Frühstück warten, bis die vielleicht gegen Abend doch noch öffnen, ist irgendwie blöd, also nur Wasser und Müsliriegel. Guter Müsliriegel, auch wenn manche die Sprechweise des Herstellers in seiner Rundfunkwerbung nicht mögen.

Es ist übrigens immer gut zu wissen, was man isst, und deshalb ist es schon recht, dass die Inhaltsstoffe von Lebensmitteln auf der Verpackung angegeben sind. Da kann ich mich entscheiden, ob ich mich an ein Produkt heranwage, oder lieber doch nicht.

Aber, Leute: was nützt es mir, zu wissen, dass ich am Tag 75 Tuben Senf essen muss, um meinen Eiweißbedarf zu decken? Oder 247 Liter isotonisches Gebräu schlürfen, damit ich nicht in den Fettmangel abgleite?

Dafür weiß ich bei aller Deklarationspflicht immer noch nicht, aus welchen Pflanzen Pflanzenfett gemacht wird, außer bei Sonnenblumen, da sind die Hersteller wohl stolz drauf. Sonst kann ich nur vermuten, dass sich der Markenname RAMA aus Raps-Margarine herleitet. Die Welt ist voller Unfug. Aber der Müsliriegel hilft, auch ohne die Ernährungsnavigation gelesen zu haben. Weiter!

Es wird warm, sagte ich das schon? Nein, es wird heiß, richtig heiß. Und anstelle des schönen Weges durch den Wald kommen vier Kilometer über eine asphaltierte Landstraße, ohne Schatten. Und dummerweise auch ohne gelbe Pfeile oder irgendeinen anderen Hinweis darauf, dass ich mich noch auf dem richtigen Weg befinde. Immerhin führt die Straße nach Westen. Die gelegentlichen Autos sind mit Familien besetzt, es geht wohl zum Mittagessen zur Abuela, zur Oma.

Ich versuche der Hitze zu trotzen, indem ich an den heimatlichen Winter denke, einen Versuch ist es wert.

Ich erinnere mich an den Sonntag, 16. Dezember 2012. Dritter Advent. Gestern Wohnung kalt. Also in den Heizungskeller. Brenner läuft, Kesseltemperatur 70°, Vorlauf 20°. Aha, Umwälzpumpe. Nach 15 Minuten: Mist, die läuft doch. Aber warum wälzt sie nichts um, vor allem kein warmes Wasser? Nach weiteren bangen Minuten: Aha, Wasserdruck Null. Also kein Wasser im System. Nachfüllen. Prima, Umwälzpumpe verhält sich artgerecht, sie wälzt um, Wohnung wird warm. Aber nicht lange. Wasser wieder weg. Aber wohin ??? Die Heizkörper im Haus sind alle dicht.

Erst mal zum Freiburg-Triathlon. Ikea, Metro, Opa. Abends wieder Wasser nachgefüllt. Heute Morgen wieder kalt. Und Wasser weg. Eva sagt „Garage". Kann nicht sein, die wird von der Praxis aus beheizt, und das nicht am Wochenende. In die Garage gegangen: Aha, da läuft warmes Wasser über den Boden. Jede Menge. Bin sicher dass das nicht normal ist.

Also gut, Eva hat Recht, die Garage hängt am Haus, sie ist beheizt damit die Ente nicht friert bzw nicht feucht wird, und der Heizkörper sifft. Massiv. Aus zwei großen Löchern an Rippe 22 von 30. Auch dann noch wenn ich das Ventil zudrehe. Druck kommt wohl von der anderen Seite. Provisorisch abdichten? Nein, Steffen anrufen. Der ist Parteifreund. Und Heizungsbauer. "Äh.. Bist du gerade in der Kirche oder beim Adventssingen? Nein ? Dann hätte ich da was..."

"Wo brennt´s denn?" „Also es brennt nicht, eher im Gegenteil…" „Bin noch im Schlafanzug, habe Besuch, will noch frühstücken, dann komme ich".

Alles wird gut. Ich muss nur erst in der Garage ein Regal ausräumen und abbauen, damit der richtige Mann mit dem richtigen Werkzeug an seinen Arbeitsplatz kommt. Was dann auch klappt. Heizung abgebaut, Anschlüsse abgedichtet. Wasser nachgefüllt, entlüftet, Heizung läuft wieder.

Holz, ein Hänger voll, gestern beim Triathlon gewonnen, also beim Opa mitgenommen, aufgeräumt, d.h. erst mal in den Keller geworfen. Anhänger in die Garage gestellt (erst alles was im Regal war auf den Hänger laden).

Jetzt packe ich Weihnachtsgeschenke. Ist ja noch eine Woche Zeit, so stressfrei war es noch nie...

Das Umdenken funktioniert tatsächlich.

Nach eineinhalb Stunden für vier Kilometer komme ich an eine Kreuzung mit einer Nord-Süd-Landstraße. Geradeaus wird der Weg wieder asphalt- und autofrei, ist auch wieder als historische Via Aquitana gekennzeichnet, also eigentlich genau das Richtige.

Ich mache Rast im Straßengraben, überlege und komme zu der Erkenntnis, dass jetzt nochmal 20 Kilometer ohne Bar oder Geschäft, die gäbe es auf diese Strecke auch montags nicht, zu viel sind. Also nehme ich die Landstraße nach Süden, die muss nach El Burgo Ranero führen, das kann nicht weit sein.

Nach einer halben Stunde kommt mir ein Herr auf dem Fahrrad entgegen, hält an, spricht mich nach kurzem Englischversuch auf Deutsch an.

Er sei der örtliche Pfarrer, wohne sieben Kilometer entfernt, habe fünf Gemeinden zu betreuen und liebe Deutschland wegen seiner Musik und Literatur. In seinem Gepäck hat er in verschiedenen Sprachen ein Gedicht über die Motivation zum Pilgern, das gibt er mir, und auf der Rückseite notiert er seinen Segen.

*W E G*
*Staub, Schlamm, Sonne und Regen.*
*Das ist der Weg nach Santiago.*
*Tausende von Pilgern*
*Und mehr als tausend Jahre.*

*Wer ruft Dich, Pilger?*
*Welch geheime Macht lockt dich an?*

*Weder ist es der Sternenhimmel.*
*Noch sind es die großen Kathedralen.*
*Weder die Tapferkeit Navarras,*
*Noch der Rioja Wein.*
*Nicht die Meeresfrüchte Galiziens.*
*Und auch nicht die Felder Kastiliens.*

*Pilger, wer ruft Dich?*
*Welch geheime Macht lockt dich an.*

*Weder sind es die Leute unterwegs.*
*Noch sind es die ländlichen Traditionen.*
*Weder Kultur und Geschichte.*
*Noch der Hahn Santo Domingos.*
*Nicht der Palast von Gaudi.*
*Und nicht das Schloss Ponferradas.*

*All' dies sehe ich im Vorbeigehen.*
*Und dies zu sehn ist Genuss.*

*Doch die Stimme, die mich ruft,*
*Fühle ich viel tiefer in mir.*
*Die Kraft, die mich vorantreibt,*
*Die Macht, die mich anlockt.*
*Auch ich kann sie mir nicht erklären.*

*Dies kann allein nur ER dort oben.*

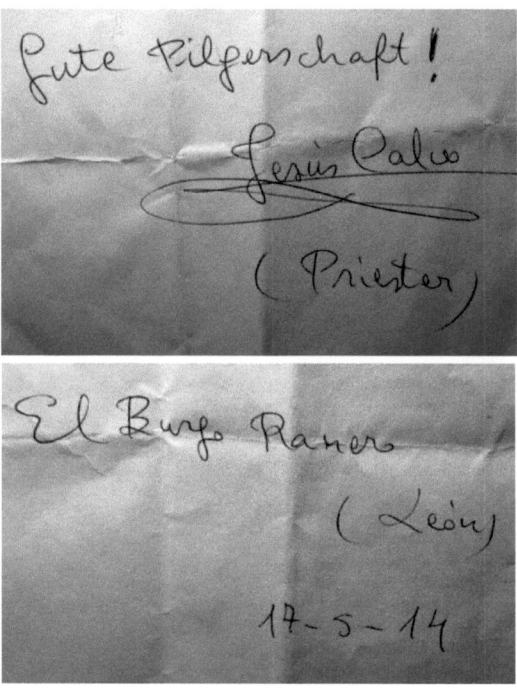

Während ich über dieses Gedicht nachdenke, kommt auch El Burgo Ranero in Sicht. Der Weg geradeaus ist eine Sackgasse, er endet an der Bahnlinie. Also zurück und dann links über die Brücke. Die Häuser dahinter sind allerdings nur das Bahnhofsviertel, bis in den Ort dauert es sich nochmal eine halbe Stunde. Dann sind auch die Pilger wieder da, die sich den Umweg gespart haben.

Die Kirche des Herrn Pfarrers in El Burgo Ranero ist von außen schön, vielleicht ausgenommen die Storchenscheiße von den drei Brutpaaren, die auf dem Turm leben, aber geschlossen. Klar, der Herr Pfarrer war ja auf dem Heimweg.

Der Ort sei bekannt für seine aus Lehmziegeln, den so genannten Adobe, erbauten Häuser, lerne ich beim ADAC[128], und stimmt, der Ort sieht anders aus als früher gesehene.

Ulrich Hinse hält El Burgo für reizlos, er erwähnt nur baufällige und lehmverputze Häuser[129].

In den Bars und Hostals steppt der Bär beziehungsweise der Spanier, es ist ja Sonntag und inzwischen geöffnet. Auch ein paar französische Autokennzeichen lümmeln sich in den Straßen rum.

Die Frage nach einem freien Zimmer, mühsam durch den Barlärm artikuliert, erzeugt nur ein müdes Lächeln, begleitet von einem müden Kopfschütteln. Die städtische Herberge ist sowieso voll, es ist ja schon Nachmittag. Aber am Ortsrand gibt es noch eine neue private Herberge, die hat zwar kein Bett mehr, aber ein privates Zimmer.

Im Garten prüfen die Powerpilger, ob ihre Wäsche schon trocken ist. Es ist drei Uhr nachmittags.

An der Anmeldung der Herberge kann man ein Buch mit dem Titel „Von Bethlehem nach Santiago" kaufen. Ein cooler Weg, bestimmt. Aber beim näheren Hinsehen stellt sich heraus, dass der Autor im Allgäuer Dorf Bethlehem wohnt, das ist weit genug, aber eben doch deutlich näher als das Bethlehem, an das ich zuerst dachte.

---

[128] ADAC Wanderführer Seite 115.
[129] Ulrich Hinse Seite 178

Anton Reichart
Bethlehem 1
D-87663 Lengenwang
E-Mail: reichart-anton@t-online.de
☎ +49 (0) 83 64 / 5 43

Hoppla, Kollege- der Bronzepilger, neben dem du auf deiner Visitenkarte sitzt, den kenne ich doch von irgendwoher, oder? Klar, es ist der vom Platz der Kathedrale in Burgos! Darf man den denn einfach so mit nach Hause nehmen?

Aber El Burgo hieße nicht Ranero, gäbe es da nicht einen für die Gegend einzigartigen Froschteich. Rana heißt Frosch. Da lässt es sich in der Nachmittagssonne aushalten.

Oder besser doch im Schatten, ich merke schon wieder, dass ich irgendwie quer denke oder daneben bin. Das eben mit den Spaniern, die hier das Wochenende verbringen und die ganzen Betten voll machen- Mensch Klotzi, heute ist doch Sonntag! Da müssen die doch abreisen, damit sie morgen wieder im Dunkeln raus können und arbeiten? Oder ist heute doch erst Samstag, aber warum ist dann der Pfarrer unterwegs?

Ich verstehe es nicht, aber ich verstehe sowieso vieles nicht. Besonders Frauen, fürchte ich. Und ich habe manchmal ein falsches Bild von Dingen und merke erst nach Jahren, dass ich falsch lag.

So habe ich, als ich im Schwarzwald im schönen Göschweiler wohnte, wo man eine phantastische Aussicht nach Süden auf die Alpen hat, vom Säntis links bis zum Montblanc rechts, meinen Gästen und Kindern immer erzählt, der große schwarze Berg geradeaus im Süden sei der Eiger, seine Nordwand. Sorry, Leute, das war Quatsch. Den Eiger sieht man zwar, aber viel weiter rechts im Westen, der direkte schwarze ist und war der Tödi, auch bekannt als Piz Russein, höchster Gipfel der Glarner Alpen mit 3614 Metern.

Hier, im Angesicht der Frösche, kann ich mal beide Themen, also Frauen verstehen und Falsches behaupten, verknüpfen.

Zum Thema Frauen und Männer [verstehen sich nicht] gibt es einen klassischen Sketch von Loriot: Das Ei[130]. Ich habe den Anfang immer so erzählt: Mann und Frau sitzen beim Frühstück. Der Mann fragt: „Wie lange hat das Ei gekocht?" und die Frau antwortet: „Es ist weich."

Dann habe ich diese Zeilen so interpretiert: Der Mann stellt eine klare Frage und bekommt keine Antwort auf seine Frage. Also ist der Mann im Recht und die Frau nervt. Aber auch, wenn ich männlich-selbstkritisch oder feministisch weiterdenke: Die Frage des Mannes enthält eigentlich eine Aggression gegen seine Frau. Er sagt nicht, was er eigentlich meint, nämlich dass er den Aggregatzustand seines Frühstückseis als unbefriedigend empfindet.

Ich finde diese Gedanken zu den Zitaten eigentlich nicht schlecht, für einen Mann. Aber jetzt habe ich den Sketch noch mal angehört, weil ich nichts Falsches darüber schreiben wollte, und siehe, er geht ganz anders. Meine Satzkombination kommt überhaupt nicht vor. Und trotzdem, bei allem Respekt, Herr von Bülow: ich finde meinen Sketch-Anfang auch nicht schlecht.


Falls sie den Sketch gerade nicht vor sich haben, hier eine Beschreibung aus Wikipedia:


„Die Protagonisten, das auch in anderen Loriot-Sketches auftretende Ehepaar Hermann (Name in diesem Sketch nicht erwähnt) und Berta, sitzen gemeinsam am Frühstückstisch.

Der Mann beklagt sich mit dem Ton des Vorwurfs über ein zu hart gekochtes Frühstücksei zwei Mal mit den Worten „Das Ei ist hart!", worauf seine

---

[130] http://de.wikipedia.org/wiki/Das_Ei

Frau in mürrischem Ton mit dem Satz „Ich habe es gehört" reagiert. Auf die darauf folgende Frage, wie lang das Ei gekocht habe, entspinnt sich ein Dialog, der die Unfähigkeit sowohl von Mann und Frau offenlegt, einen gemeinsamen Gesprächshorizont zu finden.

Während der Mann dem analytischen Denken verhaftet bleibt, agiert die Frau mit dem Gefühl des Nicht-Verstanden-Werdens in erster Line auf der emotionalen Ebene, ohne ihre Gefühle explizit zu formulieren.

Das Ende des Gesprächs lässt die schon von Anfang an vorhandene Verstehenskluft als unüberbrückbar erscheinen. Bertas letzter Satz ist die kategorische Feststellung „Gott, was sind Männer primitiv!", während Hermann im aus psychohygienischen Gründen vorgeschützten Vorsatz Zuflucht findet, sie am kommenden Tag umzubringen"[131].

Wenn schon- die Frösche hören mir sowieso nicht zu. Sie werden von den zahlreichen Störchen übrigens nicht behelligt, die fliegen am Sonntag zum Essen nach auswärts.

---

[131] https://www.youtube.com/watch?v=bBQTBDQcfik

Es ist aber auch kein Teich, sondern eine Lagune, eine Senke, die sich am Ende des Winters mit Schmelzwasser füllt und zum Sommer hin wieder austrocknet. Keine Sorge, bis dahin haben die Frösche Laufen gelernt.

Und der nette Herr Pfarrer, Jesús Calvo- tja, der nennt sich auch der „Seelsorger der Falangisten von León", er verehrt Franco, verachtet Homosexuelle und Einwanderer und hält König Juan Carlos für einen Verräter an Volk und Kirche[132].

Es ist gut, wenn man von einem netten Menschen nicht gleich alles weiß.

Es ist blöd, dass heutzutage alles irgendwann rauskommt, und wenn man nur eine Adresse sucht, um vielleicht mal eine Ansichtskarte aus der Heimat zu schicken.

Vielleicht ist es aber auch gut, nicht alles zu glauben, was man rausfindet und bei der nächsten Anreise mal mit dem Herrn Pfarrer einen Kaffee zu trinken.

Es reicht für heute. Ich nutze noch die Gelegenheit, in mein Buch den Pflicht-Sonnenuntergang einzufügen.

---

[132] http://www.ileon.com/actualidad/033630/el-minuto-de-gloria-televisiva-del-cura-falangista-del-burgo-ranero (oder google: „el burgo ranero jesus calvo)

## 22 El Burgo Ranero

Mein Führer empfiehlt, heute 38 Kilometer bis nach León zu laufen.

„Wir … haben nun den längsten und gleichförmigsten Abschnitt vor uns"[133], meint er. Hätte ich mich am ADAC orientiert, dann wäre ich jetzt schon 13 Kilometer weiter in Reliegos, aber dann wäre ich durch El Burgo Ranero nur durchgelaufen[134].

Ich denke mal, 19 Kilometer bis Mansilla de las Mulas tun's auch. Zumal das wieder ein größerer Ort ist, was für die Quartiersuche und das Kulturprogramm positiv ist. Und außerdem fährt von dort alle halbe Stunde ein Bus nach León. Das ist zumindest eine beruhigende Option.

Aber so gleichförmig ist der Weg gar nicht. Man sieht rechts in der Ferne immer noch die Berge, man sieht die Bahnstrecke, da kommt so etwa dreimal am Tag ein Zug, pro Richtung, das ist doch Abwechslung pur!

---

[133] Joan Fiol Boada Seite 111
[134] ADAC Wanderführer Seite 116

Auch am Weg selber gibt es Sachen zum Zählen, also Dinge an denen man sich zählend entlanghangeln kann.

Riesige, quer über die Felder reichende Bewässerungssysteme, etwa zehn Reihen auf zwanzig Minuten. Oder besser: relativ junge Bäume, die könnte ich auch zählen. Aber so tief gesunken bin ich doch noch nicht, ich zähle mal die Schritte zwischen zwei Bäumen und komme zu der Erkenntnis, dass alle zehn Meter einer steht. Das macht bis Reliegos 1300 Bäume, falls mal jemand nachzählen will.

Außerdem kommt man noch an einem kleinen Flugplatz vorbei und es gibt einen schattigen Rastplatz. Von dort aus kann man schön über die Pilger zwischen den Bäumen lästern, zum Beispiel über deren Designerklamotten.

Auch ein paar Bänke laden zum Verweilen ein, oder auch zur politischen Meinungsäußerung.

Die Bourbonen, das amtierende Könighaus Spaniens, seien Räuber, steht hier, da halte ich mich raus. Ich wundere mich nur ein bisschen, dass solche Sprüche nicht im Baskenland stehen, sondern hier im königlichen Kernland Spaniens, in Kastilien-León, wo die Regierung nicht Gobierno, sondern Junta heißt.

Ich war politisch wohl eher ein Spätzünder. Auch politisch. Meinen ersten kurzen Ausflug in die Politik, mit 15, also 1966, sollte ich vielleicht ich lieber verschweigen. Da hat ein gewisser Peter Gauweiler in München in einen Bierkeller zur Gründung einer „Münchner Schüler Union" eingeladen. Ich war dabei, und ich gestehe es ungern: ich war von seiner Rede gepackt, Rhetorik kann über Inhalte siegen. Aber ich habe dann schon noch rechtzeitig gemerkt, wes Geistes Kind dieser Verein war. Eine rechte Nachwuchsfront gegen aufkommende linke Gedanken. Mist, jetzt habe ich es doch gesagt.

Aber meine wirkliche, damals noch nicht erkannte Prägung ergab sich aus den politischen Strukturen in Bayern und aus meiner humanistischen Gymnasialbildung.

München war SPD-regiert, aber das fiel nicht weiter auf. Bayern war CSU-Land, und der König hieß halt nicht mehr Ludwig der Zweite, sondern Franz-Josef Strauß; entscheidend aber waren die Machtstrukturen.

Wer in Bayern etwas werden wollte, musste CSU-Mitglied sein; im ländlichen Raum waren für die CSU 90%-Ergebnisse Standard. Seinerzeit wurden wir erst mit 21 volljährig und wahlberechtigt, und bei meiner ersten Bundestagswahl habe ich SPD gewählt.

Ich hatte eine innere Abneigung gegen Staatsmacht und Obrigkeit und ich wollte nicht Teil der gehorchenden Masse sein. So kam ich zu den Freien Demokraten.

Und das Gymnasium? Griechisch-Abitur, mündliches Nachsitzen um meinen schriftlichen Vierer rauszureißen, ich will ja Medizin studieren. Text von Platon. Ich übersetze schlecht, aber ich kann den Kern des Textes erfassen:

Der Mensch tut das Gute, wenn er erkennt was gut ist.

Ein gewagter Satz, aber die Kernaussage des Humanismus und auch des Liberalismus. Der Staat muss den Menschen nicht vorschreiben, was sie zu tun, wie sie sich zu verhalten haben, er muss nur aufklären über das, was gut ist.

Eine Gesellschaft, die so funktioniert, ist das liberale Leitbild und Ziel. Zu erkennen, wo das nicht funktioniert, wo die Menschen nicht so sind wie das Ideal es fordert, ist die ständige Herausforderung an den Liberalen. Deshalb muss er Kompromisse akzeptieren und Koalitionen eingehen, aber er darf das Ziel einer freien Gesellschaft nie aus den Augen verlieren.

1968, im Jahr der großen Studentenrevolten, war ich 17 und noch fest im Gymnasium, also ging das an mir vorbei. Und nach dem Abitur 1971 habe ich erst mal nur studiert.

Für eine eventuelle politische Karriere ein schwerer Fehler, Erfolg und Mandate haben in der Regel nur diejenigen, die früh zur Parteijugend, egal welcher, kommen. Erst nach meinem Studium, 1976, bin ich in Freiburg zur Geschäftsstelle der Freien Demokratischen Partei Südbaden gegangen und habe bei einer netten älteren Dame meinen Mitgliedsantrag abgegeben.

Ich lege immer noch Wert auf die Feststellung, dass dies die Zeit einer sozial-liberalen Koalition im Bund war, einer Regierung, die unter anderem durch die Ostverträge eine Annäherung mit der DDR und mehr eingeleitet hat.

Diese sozial-liberale Koalition erscheint mir auch heute noch irgendwie logisch. Beide Gruppen, Sozialdemokraten und Liberale, wollen, dass es den Menschen gut geht. Liberale dadurch, dass sie den Menschen Freiheit zur Selbstverwirklichung geben, Sozialdemokraten dadurch, dass sie denen, die das nicht schaffen, helfen. Das ist kein wirklicher Gegensatz, sondern eine Ergänzung, eine Aufgabenteilung.

Aber weil ich dann meine erste Stelle in Bayern hatte, auf dem Land in Freyung, war es mit politischer Aktivität erst mal nichts.

Dort mussten sich die neuen Assistenzärzte des Kreiskrankenhauses bei ihrem obersten Dienstherrn, dem Landrat, vorstellen.

Seine erste Frage an mich war: „Wollns a Zigarrn?" (Möchten sie gerne eine Zigarre rauchen?). Und die zweite: „Sans' fei scho in der CSU?" (Ich darf doch annehmen, dass sie Mitglied der Christlich Sozialen Union sind?). Ich habe mich damit rausgeredet, dass es in Baden-Württemberg keine CSU gäbe, und irgendwie war er damit zufrieden, oder wusste gerade nicht, dass es ein Baden-Württemberg gibt.

Politisch aktiv wurde ich dann erst später, aber mit allen Ämtern und Mandaten, die man mögen muss, weil sie eigentlich außer Stress und Kosten nichts bringen. Chancenlose Kandidaturen für den Bundestag, Kassierer und später Vorsitzender im Ortsverband, gewählter Kreisrat und Stadtrat. Mitglied im Landesvorstand, Delegierter zu Landes- und Bundesparteitagen.

Bayern ist auch heute noch fest in CSU-Hand. In Baden-Württemberg ist die CDU noch dabei, den Verlust ihrer Macht im Land zu verarbeiten. Aber im ländlichen Raum, also auch in Donaueschingen, ist die Dominanz der CDU ungebrochen.

In anderen Regionen Deutschlands gibt es andere Mehrheiten, aber wohl ähnliche Strukturen, und deshalb ist das Grundproblem, das ich mit meinem ehrenamtlichen politischen Engagement habe, sicher übertragbar.

Machtpolitik geht oft vor Sachpolitik.

Aber entspann dich, Klotzi, es erscheint der Ort Reliegos. Mit einer wirklich geilen Bar, und ich benutze dieses Wort nicht leichtfertig.

Es ist nicht nur die Fassade, es ist auch der Wirt, der sich, obwohl die Bar leer ist, als Diskjockey austobt. Musik der 70er- und 80er- Jahre des vergangenen Jahrhunderts, ich bin schlagartig wach und fit und komme auch mal mit einem Pilgerkollegen in´s Gespräch.

Er ist aus San Francisco und hat Hunger. Wir unterhalten uns über die nächsten Ziele. Ich suche einen größeren Ort, vielleicht mit Kulturgütern, er ein ruhiges Dorf. Kultur habe er zu Hause genug.

Also ziehe ich weiter meines Weges, relativ locker bis nach Mansilla de las Mulas. Dort erst mal das Übliche: Herbergssuche.

Die erste ist voll, schon der Innenhof belagert mit Rucksäcken und Stöcken, so dass ich gar nicht erst nach einem Platz frage, ein Stempel genügt mir.

Am anderen Ende der Altstadt finde ich dann eine Bar, die auch ein kleines Schild „Hostal" an der Wand hat, und die gefällt mit von außen spontan gut.

Es gibt dort drei Zimmer im Hinterhaus, alle ohne gerade Wände, überall schiefer Fußboden, und, aber das merke ich erst später, kein warmes Wasser. Pilgern soll ja nicht zu angenehm werden.

In der Nähe von Mansilla, etwa fünf Kilometer südöstlich, soll es eine kleine Templerkirche geben, schreibt Ulrich Hinse[135], er findet sie aber nicht, das will er wohl auch gar nicht wirklich, er fürchtet wohl neue Leichen.

Wahrscheinlich hat er recht: Es kann eigentlich nur die Iglesia de Santas Martas in Valdearcos sein, und wenn man die googelt, trifft man nur auf Bilder, nicht auf Texteinträge.

Vor dem Besuch der zu den Bildern gehörenden Websites wird ausdrücklich gewarnt. Sie zeigen „einige oder mehrere gefährliche Verhaltensweisen"[136]. Also bleibe ich heute Abend im Ort, gehe noch runter zum Rio Esla und laufe ein bisschen um die Stadtmauer, das ist weltlich, hat aber auch was. Sozusagen zur Feier des Endes der Meseta.

---

[135] Ulrich Hinse Seite 185
[136] McAfee Internet Security

*Río Esla*

*Mauern von Mansilla de las Mulas*

Diesen Blick auf die Stadtmauer hat man aber nur, wenn man sich auch als Pilger mal umdreht.

## 23 Mansilla de las Mulas

Ich bin nicht mit dem Bus nach León gefahren. Ich hätte zur Haltestelle zurück durch die Stadt laufen müssen und das erschien mir unpassend. Also laufe ich mal wieder die Straße entlang, was nichts neues, aber heute besonders lästig ist.

Diesmal ist die Straße extrem stark befahren. Es ist nicht die altbekannte N 120, sondern eine N 601. Der Gegenverkehr rauscht mit Minimalabstand an mir vorbei, es sieht aus als gäbe es, warum auch immer, heute eine Massenflucht aus León nach Osten, oder ein mir entgangenes Event in Mansilla.

Außerdem regnet es mal wieder von vorne, so dass ich eigentlich mit gesenktem Haupt laufen möchte, aber dann sehe ich den Verkehr nicht. Und die vermeintlichen Blutegel an einem Abwasserschacht neben einer kleinen Brücke sind doch nur ordinäre Nacktschnecken.

Bis jetzt nicht mein Tag und keinesfalls ein Premium-Wanderweg. Aber den anderen Pilgern geht es auch nicht besser, und das kann man ausnutzen. Ich klemme mich hinter einen besonders breiten Rucksack, der mich vor dem Regen schützt und vielleicht im Ernstfall sogar vor den LKWs, so breit wie der ist. Ich vergesse, dass ich eigentlich Hunger habe und komme mal wieder in´s Grübeln.

Vielleicht liegt es am Wetter, vielleicht am Verkehr, oder an beidem gemischt mit trister Landschaft, also eher keine Landschaft, jedenfalls denke ich an Russland. Oder an die Ukraine, die ich anders als Russland gar nicht kenne.

Außer Tschernobyl, da war ich zwar nie, aber das kennt man, und ich denke immer noch, dass ich Tschernobyl meinen grauen Star verdanke.

Das ist die Augenkrankheit mit einer Trübung der Linse, eher was für´s Alter, ich bekam das mit 45, und eine mögliche Ursache ist radioaktive Strahlung.

Ich war oft zu medizinischer und kultureller Zusammenarbeit in der Stadt Tula, 100 Landmeilen südlich Moskaus, in einem Stadtteil, der durch Tschernobyl stark belastet war. Ist aber auch egal, den grauen Star kann man gut operieren, die neuen Linsen funktionieren heute noch und die Brille, die man nach der OP braucht, trägt zur Seriosität des Arztes mehr bei als der dicke Bauch, den ich nach eigener Einschätzung nicht habe.

Von daher ist also alles gut. Nicht gut ist die Konfrontation der Ukraine mit Russland[137]. Die stört mich besonders, weil ich denke, dass sie nicht hätte sein müssen, die Entwicklung wäre durch Politik und Diplomatie in eine andere Richtung zu lenken gewesen. Denkt der Klugscheißer im spanischen Regen.

Wenn Bundespräsident Joachim Gauck, den ich extrem schätze und schon früher gewählt hätte, als die FDP im Bundestag das gemacht hat, wäre ich denn gefragt worden, Russland für seine aktuellen Aktivitäten in der Region scharf kritisiert, dann hat er natürlich recht.

Wenn er aber von einer „Auseinandersetzung am Rande Europas" spricht, liegt er mit Verlaub falsch. Hätte er die aktuelle Situation thematisiert und bedauert, weil doch Russland zu Europa gehört, gleich oder mehr wie der Islam zu Deutschland, dann wären wir uns einig.

Russland gehört definitiv zu Europa. Moskau ist eine europäische Metropole, und auch tausend Kilometer weiter östlich ist noch Europa.

Menschlich sind Russen und Deutsche sich ähnlicher als Deutsche und Amerikaner, was nun aber bitte nichts gegen Amerika sein soll. Aber so denke ich halt. Früher habe ich immer gesagt, dass ich im Zweifel lieber Moskau als New York sehen wolle, und als Michail Gorbatschow Präsident wurde habe ich angefangen Russisch zu lernen.

---

[137] seit 2014, wohl noch bekannt

Ich erinnere mich nur an wenige Situationen, in denen ich zum richtigen Zeitpunkt das Richtige gesagt habe.

Eine solche Szene gab es in Tula, und die erklärt ziemlich gut auch die russische Seele, die was ganz anderes ist als die russische Regierung. Oder sie erklärt, warum man die russische Seele nicht erklären kann.

Ich war Teil einer offiziellen städtischen Delegation, es gab ein offizielles Begrüßungs-Abendessen. Dazu gehören gewisse Rituale, vor allem das Sprechen eines Toasts vor dem Trinken eines Wodkas, worauf dann der nächste Essensgang folgt. Die Regeln sagen, dass der erste Tost vom Gastgeber gesprochen wird, der zweite vom Delegationsleiter der Gäste, der dritte geht immer auf die Verstorbenen und der vierte war meiner.

Es war ein paar Tage vor dem 50. Jahrestag der Schlacht bei Stalingrad. Ich sagte etwa Folgendes:


„Heute, kurz vor dem Jahrestag der Schlacht von Stalingrad, sind hier an diesem Tisch drei Generationen versammelt.

Die Generation der Kriegsteilnehmer, die zu meiner großen Bewunderung in Freundschaft ihre Erinnerungen pflegen.

Meine Generation, die versucht, durch Besuche wie diesen das deutsch-russische Verhältnis zu entspannen und neue Freundschaften aufzubauen.

Und die Generation der jungen Studenten, unserer Dolmetscher, für die, unbelastet von Vergangenheit, die Freundschaft zwischen uns eine Selbstverständlichkeit ist. Auf diese Generation möchte ich trinken".


Das Resultat war überwältigend. Anstatt ihre Gläser zu erheben und sich zuzuprosten sprangen die etwa 50 russischen Freunde auf, kamen auf mich zu, gratulierten mir zu meinen Worten und erklärten mir, wie froh sie seien, dass dies mal jemand gesagt habe.

Ob ich diese Reaktion verstanden habe- lassen wir das mal offen. Aber es war, oder ist bis heute, eine Situation, von der ich glaube, dass ich irgendetwas bewirkt habe- mit Worten.

Mittlerweile geht der Weg nach links weg von der Straße. Der Weg geht weg. Quatsch, der Weg geht weiter, durch ein Wäldchen zu einer Brücke, die neu neben einer historischen gebaut wurde, extra für Pilger, Auf der historischen liegen Betonplatten, damit die Straße, ja die von vorhin, draufpasst. Eine pragmatische und nicht einmalige Lösung.

Vor der Pilgerbrücke steht ein Schild mit einer Gebrauchsanleitung und Verboten. Nicht schaukeln, nicht hüpfen, nicht stehenbleiben. Und: Verbot für Esel!

Kein Verbot für Radfahrer, die historisch eigentlich nichts auf dem Camino verloren haben, die könnten auch über die Betonplatten fahren, dann würden sie allerdings die historischen Brückenbögen nicht sehen. Aber Verbot für die historisch korrekten Esel? Warum nicht für Pferde? Wie war das bei Tim Moore?

Die erste Antwort fällt mir schnell ein. Pilger und Esel laufen nebeneinander, sie sind zusammen zu breit. Ein Pilger auf einem Pferd, das passt drauf. Und Tim Moore? Seinerzeit gab es diese Brücke wohl noch nicht, er ist mit Shinto über die 20 historischen Bögen gegangen[138].

---

138 Tim Moore Seite 238

Der Ort hinter der Brücke heißt Puente de Villarente und hat laut Reiseführer 154 Einwohner[139]. Das scheint mir wenig, angesichts der jetzt vierspurigen und auf zwei Kilometern gebäudegesäumten Straße, die ich den gelben Pfeilen folgend zweimal überflüssigerweise überquere, was aber wegen vorhandener Ampeln unproblematisch ist. Das Bordell, in dem Tim Moore nicht übernachtet hat, sehe ich nicht, dafür eine Bar mit deutschem Namen, Café Viel Glück, aber die ist geschlossen.

Und über Erotik und Sex auf dem Camino schreibe ich auch nichts, denn Tim Moore hat das so genial gemacht, dass es nicht zu erreichen, geschweige denn zu toppen ist. Selber lesen oder Zitat gefällig?

OK, Zitat: „Im elften und zwölften Jahrhundert war die Kirche darauf bedacht, die Liste der Sünden zu erhalten und genügend potenzielle Pilger zu haben, … Vierzig Tage vor jedem größeren religiösen Fest war Sex verboten, ebenso wie fünf Tage vor der heiligen Kommunion. Das Gleiche galt für den Donnerstag (den Tag, an dem Jesus gefangen genommen wurde), den Freitag (da wurde er gekreuzigt). Sonntag kam natürlich überhaupt nicht in Frage, und Samstag eigentlich auch nicht (aus Respekt vor der Heiligen Jungfrau), montags ehrte man die Toten. Aber freuen Sie sich bloß nicht zu früh, Sie Dienstags-Casanova …"[140]. Lassen wir das Thema besser.

Dann geht es von der Straße endlich wieder weg auf einen Feldweg, hügeliges Gelände, nichts von León zu sehen.

Aber hinter der nächsten Kuppe muss es sein. Hinter der nächsten Kuppe kommen ein Industriegebiet und nochmal eine Kuppe, dann doch wieder die N 601, aber dann sehe ich in der Ferne die Kathedrale von León.

---

[139] Joan Fiol Boada Seite 111
[140] Tim Moore Seite 130 – 131

Gänsespiel Feld 36. Es ist noch ein Stück bis dorthin.

*Erster Blick auf die Kathedrale von León*

Zuerst kommt viel Vorstadt, lange Alleen durch Wohnstraßen, dann in der Altstadt ein Palast von Gaudí, davor eine teilweise von einem Bronzebürger dauerbelegte Bank. Es ist die Casa de Botines, ein Handelshaus, heute eine Sparkasse. Whow, wie wird dann erst die Kirche aussehen!

Nun, die Kathedrale in León ist von außen nicht spektakulärer als die von Burgos, aber auch nicht viel weniger. Das ist nicht weiter erstaunlich, schließlich wurden beide Kirchen nicht nur relativ gleichzeitig, sondern auch vom selben Baumeister, dem aus Reims stammenden Meister Enrique gebaut.

*Casa de Botines, León*

In León war er ungewöhnlich schnell, in 50 Jahren war das Meiste geschafft.

Ich habe diese Aussage des Audioguides erst nicht geglaubt, schließlich kann man 50 und 500 leicht missverstehen, aber es stimmt tatsächlich.

Die Kathedrale von León war also schneller fertig als der viergleisige Ausbau der Rheintalbahn, die Elbphilharmonie, die Ortsumfahrung von Döggingen, der Flughafen Berlin oder Stuttgart 21. Respekt, Mittelalter!

Von außen sieht die Kirche ähnlich aus wie die in Burgos, aber innen- haut sie mich um. Nicht wörtlich gemeint, obwohl das gut passieren kann, wenn man nach oben schaut und die 12 kg, mit Wasser aktuell 13,7 kg auf dem Buckel vergisst, die nach hinten und nach unten ziehen.

Nein, es ist nicht die getragene Last, es sind die Farben, die das Sonnenlicht von außen durch die Glasfenster streut. Es ist unbeschreiblich eindrucksvoll und vor allem sympathisch, also ganz anders als der Petersdom in Rom, den ich einfach nur erdrückend finde.

Die Lichter von León zaubern eine heitere Stimmung und ich denke: hier könnte ich mir vorstellen, katholisch zu werden.

Na ja, ganz so weit würde ich nicht gehen, aber wenn ich vergesse zu fotografieren, dann sagt das eigentlich alles. Ich will den Augenblick genießen und nicht festhalten. Aber irgendwann muss ich diesen Ort nochmal besuchen!

Die Reihe der Bronzefiguren geht auch weiter, hier stehen Vater und Sohn bewundernd vor der Kathedrale. Oder dreht der Vater seinem Sohn, der eigentlich nach links wegschauen will, da gibt es eine Eisdiele, den Kopf Richtung Kirche?

Für Hape Kerkeling ist die Kathedrale der „unbestrittene Höhepunkt"[141] von León, allerdings bekommt sie nur vier Zeilen. Er war zwar da, hat aber

[141] Hape Kerkeling Seite 200

den ganzen Tag und 13 Seiten mit vielen Gesprächen mit seinen Mitpilge-
rinnen verbracht und fühlt sich am Rande der Altstadt in einer „pilgerfreien
Zone"[142].

Carmen Rohrbach ist von den Farbspielen in der Kirche ebenso begeistert
wie ich und rettet beim Verlassen einen abgestürzten Mauersegler[143]. Ulrich
Hinse wollte die Kathedrale besichtigen, durfte aber nicht, es war Gottesdienst[144], und auch Tim Moore hat sie nur von außen gesehen[145].

*Storchennest in León*

---

[142] Hape Kerkeling Seite 208-221
[143] Carmen Rohrbach Seite 201 - 202
[144] Ulrich Hinse Seite 187
[145] Tim Moore Seite 243

Die Störche wohnen hier deutlich vornehmer als anderswo, und ich sollte, es ist erst früher Nachmittag, noch etwas laufen. Es könnte sich abends als gutes Gefühl erweisen, das drohende Industriegebiet hinter León schon bewältigt zu haben.

Ich mache es kurz, also nicht das Laufen, das geht nicht, aber das Erzählen.

Es ist öde, lästig, heiß, staubig, autolärmig und völlig uninteressant. Ich empfinde das, anders als in Burgos, wohl so weil am Ende des Stressgebiets kein besonders hehres Ziel wartet, sondern nur der Ort Virgen del Camino, von dem mein Führer zu berichten weiß, dass es dort eine 1961 erbaute Kapelle im modernen Stil gäbe[146].

Zuerst gibt es eine vierspurige Nationalstraße, die N 120 ist wieder da, gesäumt von langweiligen Geschäftsbauten und Einfahrten zu Wohngebieten, die durch Tore und Alarmanlagen gesichert sind. Eine seltsame Gegend, die mir nicht wirklich gefällt.

Die Kapelle erweist sich als ausgewachsene große Kirche, und die Betonbauweise muss man nicht mögen, die Atmosphäre hat trotzdem ihren eigenen Reiz. Schon der Turm, und natürlich die Bronzefiguren über dem Eingang, auch modern, die von links nach rechts Matthias, Philipp, Matthäus, Thomas, Jakobus den Älteren, Johannes, Maria, Petrus, Andreas, Bartholomäus, Jakobus den Jüngeren, Judas Thaddäus und Simon darstellen.

Bei solchen Aufzählungen wird in Tests, Eignung für Medizinstudium oder Bundeswehr zum Beispiel, gerne gefragt, welcher Name nicht in die Reihe passt. Es ist natürlich Maria, und deshalb steht sie auch erhöht oder abgehoben, wie der Kirchenflyer das nennt.

---

146 Joan Fiol Boada Seite 113

*Kirchturm in Virgen del Camino*

Es ist gerade Messe, ich setze mich in die letzte Reihe. Ich habe gesehen, dass es in der Sakristei einen Stempel gibt, ich will den Priester nach der Messe um einen Abdruck für meine Sammlung bitten. Daraus wird allerdings nichts, denn nach der Messe kommt ein Ritual, in dem die Jungfrau Maria im Wechselgespräch zwischen Pfarrer und Gemeinde um alle möglichen Wohltaten gebeten wird, und das dauert, nach zwanzig Minuten ist noch kein Ende abzusehen.

Ich brauche noch ein Bett. An der Hauptstraße finde ich ein Hostal, Zimmer mit Bad und Fernseher, zehn Euro.

Beim Abendessen sitzt am Nebentisch eine Gruppe junger Chinesen, vom Outfit her sehen sie aus wie Deutsche Vermögensberater oder Zeugen Jehovas auf Hausbesuch. Sie lassen den Koch kommen und erklären ihm wort- und gestenreich, wie er das Essen zuzubereiten habe. Das müssen wichtige Leute sein, vielleicht IT-Spezialisten, die im Industriegebiet irgendwas installieren.

Am nächsten Morgen sind sie um sieben beim Frühstück und werden dann von Limousinen mit Chauffeur abgeholt. Es stimmte also wohl!

## 24 Virgen del Camino

Heute ist mal wieder ein Tag der Entscheidung. Ich kann einen kurzen Weg entlang der Straße nehmen, oder einen längeren Weg durch die Pampa, diesmal südlich abweichend.

Ich könnte auch einen Umweg einplanen, um die Stelle zu suchen, wo sich in der Ebene ein Loch mit einem Wasserfall auftut, in den Paulo Coelho seinen Pilger hinab- und wieder hinaufsteigen lässt, mal wieder eine Prüfung, für mich eine wirklich wüste Geschichte[147].

Man nennt sowas heute, glaube ich, Waterboarding und es ist politisch gar nicht korrekt. Coelho erwähnt die genaue Position dieses Ortes nicht, aber er verrät sie halt doch mit dem Satz „Einige Kilometer von hier entfernt ist im Jahre 1502 einem Hirten die Jungfrau Maria erschienen. Heute ist ihr Fest, das Fest der Heiligen Jungfrau des Weges…"[148]. Das beschreibt exakt den Ort Virgen del Camino. Weil ich auf Google Earth die Umgebung vergeblich nach einem entsprechenden Loch abgesucht habe, verzichte ich auf diese vielleicht interessante Variante.

Ich entscheide mich für den südlichen Weg, schon weil der über Villar de Mazarife führt, was ein bisschen wie Masar-e Scharif klingt und ein Storchendorf sein soll. Störche gab es schon bisher genug, halt überall da wo sie vom Nest aus ihre Nahrung sehen können. Mehr Störche als in den letzten Orten kann ich mir schwer vorstellen. Ein Kirchturm hat nur drei oder vier Plätze. Trotzdem, mal schauen.

Außerdem ist heute Wetterbeobachtung angesagt. Es sind, weithin sichtbar und in ihrer Zugrichtung einschätzbar, immer wieder Regenschauer unterwegs. Na ja, ausweichen kann ich nicht, wenn sie mich erwischen, dann ist das halt so, aber es ist ein gutes Gefühl, das vorher gewusst zu haben.

Meine literarischen Vorbilder sind mal wieder nicht da. Ulrich Hinse hat die Kathedrale von Leon verpasst und fährt mit dem Bus[149], Shirley

---

[147] Paulo Coelho Seite 111 - 120
[148] Ebenda Seite 115
[149] Ulrich Hinse Seite 206

MacLaine schwebt in der Milchstraße, Hape Kerkeling muss irgendwo ganz anders gelaufen sein, denn er beschreibt die Gegend als „Science-Fiction-Pampa"[150] und Carmen Rohrbach hat seinerzeit, oder besser gesagt ihrerzeit einen Mittelweg zwischen meinem und der Nationalstraße gewählt: Sie ist auf dem Bahngleis gelaufen[151].

Der Weg zweigt am Ortsende vom Hauptweg nach links ab, die Stelle ist leicht zu verfehlen.

Es folgt dann die Über- und Unterquerung zweier ineinander verschachtelter Autobahnkreuze, gleich dahinter gibt´s als Belohnung Frühstück. Im nächsten Dorf mit dem lustigen Namen Oncina de la Valdoncina hat ein junger Mann einen Stand mit Getränken, Obst, Müsliriegeln Blasenpflastern und Papiertaschentüchern aufgebaut, alles gegen Spende.

---

[150] Hape Kerkeling Seite 223
[151] Carmen Rohrbach Seite 203

Und der Dorfhund bewacht den gelben Pfeil.

Dahinter geht es wieder mal etwas hoch auf eine Ebene, die erste Hälfte davon, vormittags, mit großen Feldern, die zweite Hälfte, nachmittags, mit vielen Bewässerungskanälen und eher kleingärtnerischem Gemüseanbau. Eine schöne Ebene, die ist zwar eben, aber hier ist es mal wieder -aber doch anders- der Bewuchs, der dafür sorgt, dass man nicht morgens schon sieht wo man abends sein wird. Es zieht sich trotzdem. Und es schauert, kurz, aber heftig, keine Chance auf Schutz davor.

Das Storchendorf Villar de Mazarife ist das einzige, in dem es keine Störche gibt. Auch keine leeren Nester. Nur ein kunstvolles Mosaik vor einer Kita ohne Kinder.

Dabei gibt es in den Dörfern davor und danach durchaus Störche, nirgends aber so viele wie in El Burgo Ranero, es lag vielleicht doch an den Fröschen in der Lagune. Ein Brutpaar hat sich einen Mobilfunkmast als Standort für sein Einfamilienhaus ausgesucht. Entweder haben Störche kein Gespür für Strahlung, oder sie stört sie nicht, oder sie telefonieren auch gerne mal. In Burgos gab es so ein Storchenquartier auch schon, also kein Einzelfall. Das Hauptsiedlungsgebiet der Störche sind die Kirchtürme, das sieht ja auch gut aus, jedenfalls besser als das Nest auf einer verlassenen Trafostation am Weg, der hier mal wieder eine Straße ist.

Der zweite Regenschauer hinterlässt nasse Klamotten und ebensolche Haare, aber auch imposante Wolkenformationen.

Beim Trocknen im Wind schweifen meine Gedanken mal wieder ab zum Grundsätzlichen.

War das Laufen auf diesem Weg schon immer religiös motiviert?

Nein, es gab diesen Weg schon früher, als Santiago noch ein weißer Fleck auf der Landkarte und Jakob noch in Palästina berufstätig oder bestenfalls auf dem Weg über´s Mittelmeer war.

Die Menschen aus dem Osten Europas pilgerten nach Finisterre, zum Ende der Welt. Eine Motivation, die mir sehr plausibel erscheint. Wie kam es dann zu diesem Wechsel?

Also ich kann mir vorstellen, dass es etwa so gelaufen ist: Die Spanier, die von den Wanderern profitierten, also Wirte und Händler, sowas wie der Hotel- und Gaststättenverband, analog zu unserem deutschen DEHOGA etwa in Kastilien-León die KALEHOGA, machten sich Sorgen um die Zukunft.

Was, wenn die Ideen eines Galileo Galilei bekannt werden, wenn Kolumbus Amerika entdeckt? Das Ende der Welt wäre dann nur noch eine Klippe am Atlantik, und nicht mal die schönste. Die Kunden würden wegbleiben.

Also hat man rechtzeitig vorgesorgt und das Apostelgrab und damit den religiösen Pilgerweg erfunden.

Ein schönes Beispiel für vorausschauende Politik im Bereich Tourismus und Fremdenverkehr. Ein paar hundert Jahre vorausschauend, Respekt.

Dass auch heute noch viele Pilger von Santiago weiter nach Finisterre laufen, konnten die Verantwortlichen damals nicht ahnen. Pilgern ist eine Sache, dahin gehen wo andere pilgern um zu schauen wie die das machen ist die erste Ableitung des Pilgerns. Und dahin gehen, wo andere früher hingingen um zu spüren wie das damals war, das ist die zweite Ableitung des Pilgerns. Mathematik ist allgegenwärtig,

Etwas später und abseits vom Weg komme ich in ein größeres Dorf mit Bar und Bahnhof, Villavante. Vor der Bar gibt es mal wieder einen Erwachsenenspielplatz, der ist vereinsamt. Die Erwachsenen sitzen in der Bar vor dem Fernseher, schimpfend über was weiß ich. Spanischer Nachmittag.

Bald darauf, also nach ein bis zwei Stunden, wird die N 120 bei einem Kreisverkehr gekreuzt, die gelben Pfeile zeigen geradeaus über die Kreiselmitte. Da hat jemand ein Einsehen mit den armen Pilgern gehabt.

Auf dem Wasserturm wohnen wieder Störche und die Brücke vor Hospital de Órbigo, der Puente de Paso honroso, ist noch imposanter als nach den Beschreibungen zu vermuten.

Die Geschichte vom Ritter Don Quiñones erzähle ich jetzt nicht nochmal. Und dass die Brücke eigentlich zu breit ist für den kleinen Fluss darunter, beunruhigt mich auch nicht weiter. Die Überquerung eines ganzen Talgrundes mit einer Brücke gibt es doch zum Beispiel auch an der französischen A 75 bei Millau, da muss ich nicht spekulieren, welche mystischen Kräfte den Lauf des Flusses verändert haben, oder ob sie so groß ist, damit das ganze Blut der Schlachtopfer durchpasst und nicht die Fußgängerzone überschwemmt, Herr Coelho[152]!

Dafür noch was über Demokratie und Militär. Eine demokratisch gewählte Regierung darf vieles tun, gestalten, verändern. Eines aber darf sie niemals: Das demokratische System abschaffen, das sie an die Regierung, an die Macht gebracht hat.

Das letzte Beispiel kennen wir aus Ägypten. Die demokratische Parlamentswahl gewonnen hat die Muslim-Bruderschaft, und die Abschaffung der Demokratie war ihr erstes Ziel. Dagegen hat sich das Militär gestellt und die Regierung gestürzt. Falsch?

Denken wir mal zurück und geographisch näher. 1933 haben die Nationalsozialisten in Deutschland eine Wahl gewonnen und kamen an die Regierung. Sehr schnell haben sie begonnen, die Demokratie abzuschaffen. Der Unterschied zu Ägypten heute: Die deutsche Wehrmacht hat mitgemacht. Bis 1944, Stauffenberg, die Geschichte ist bekannt.

Aber bei jeder Ehrung für die Widerstandskämpfer von 1944 frage ich mich, wie die Geschichte verlaufen wäre, hätte die deutsche Wehrmacht

---

[152] Paulo Coelho Seite 123

1933 oder spätestens 1938 gegen Hitler geputscht. Jedes Recht dazu hätte sie gehabt.

Direkt hinter der Brücke gibt es ein Hostal mit Fenstern zur Brücke, da muss ich rein, und das klappt auch. Das gleiche Hostal, in dem auch Tim Moore übernachtet hat, da wo sein Esel früh morgens den ganzen Ort geweckt hat[153]. Muss wirklich laut gewesen sein, das Tier, denn der Ort ist nicht klein.

Es gibt sogar einen Industrievorort mit Bushaltestelle, diesmal finde ich sie sogar schnell, obwohl ich sie gar nicht gesucht habe. Und ich staune über ein neu gebautes Einfamilienhaus im mittelalterlichen Ritter-Stil.

*So wohnt der Spanier heute*

Ich sehe auch weitere Herbergen, darunter eine, die damit wirbt, dass sie „ökologisch korrekt" sei, was immer das bedeuten mag. Vielleicht gibt es dort nichts Gescheites zu essen.

Abends zieht eine richtige Regenfront heran, die Wettervorhersage ist entsprechend schlecht. Diesmal merke ich mir mal, wo die Bushaltestelle ist.

---

[153] Tim Moore Seite 255

## 25 Hospital de Órbigo

Es regnet. Zuerst wenig, so dass ich den Bus vergesse oder trotzig verdränge, bald aber andauernd.

Auch heute gibt es wieder die Wahl zwischen der Route entlang der N 120 oder einem Weg durch die Felder. Ich nehme die Felder. Die Straße wäre eben gewesen, die Felder sind hügelig und nass. Aber der Weg bietet landschaftliche Höhepunkte, ganz andere als in den vergangenen Tagen, andere Farben, Formen und Horizonte.

Gestern Abend habe ich mich ja geweigert, die zum Zielort gehörende Geschichte von Don Quiñones zu erzählen. Ich glaube, das war müdigkeitsbedingte Zickerei, die Story muss selbstverständlich erzählt werden. Aber weil das schon so oft gemacht wurde, übernehme ich hier die Aufgabe eine Kurzversion zu liefern.

Die Geschichte spielt mal wieder im Mittelalter, tja, da war was los in Spanien. Aber manchmal nicht das Richtige zur passenden Zeit.

Don Suero de Quiñones war von Beruf Ritter, aber es gab aktuell keine bedeutenden Kriege, in denen er sich bewähren und auszeichnen konnte. So verlegte er sich auf dem Schutz der Pilger auf dem Jakobsweg.

Privat war er verliebt in eine adlige Dame, die leider gar nichts von ihm wissen wollte, auch der Beruf des ritterlichen Pilgerschützers imponierte ihr überhaupt nicht.

So kam Don Quiñones auf eine Idee, wie sie wohl nur in der Hitze des Camino denkbar ist: Er beschloss, auf der Brücke vor Hospital de Órbigo gegen jeden Ritter zu kämpfen, der drüber wollte. Er hat dann in einem Monat 300 Kämpfe gewonnen, was imponierend genug gewesen sein muss.

Die Spätfolge war allerdings, dass er von einem besiegten, aber überlebenden Mitritter umgebracht wurde.

In der Bilanz also eher dumm gelaufen, aber dafür gibt es heute noch jedes Jahr große Ritterspiele neben, auf und unter der Brücke. Unblutige, glaube ich. Und der örtliche Campingplatz ist nach ihm benannt.

Nach einem intensiveren Regenschauer, zwei nassen Dörfern, matschigen Feldwegen, einem nassen Wald mit einem erneuten Regen und einer letzten kleinen windigen Hochebene komme ich nach knapp drei Stunden zum Aussichtspunkt mit dem Wegkreuz Crucero de San Toribio und stelle mit Befriedigung fest, dass ich heute nicht über das Wetter gemeckert, sondern es nur beschrieben habe. Mein Pilgersein macht offenbar Fortschritte.

Hier kommen auch die Nationalstraßenrenner wieder dazu, die sind genauso nass wie ich, nur die Landschaft haben sie verpasst.

Übrigens Vorsicht, wenn sie mit dem ADAC-Reiseführer unterwegs sind: Sie sind schon am Kreuz, der Ort San Justo de la Vega kommt erst später![154]

Ein Mitpilger ist so überwältigt, dass er sich zum Fotografieren in den Matsch fallen lässt. Der Sprache nach war es ein Italiener, aber ich lasse ihn jetzt einen Chinesen sein, den brauche ich für meine Überleitung. Ja gut, in Virgen del Camino hätte ich echte Chinesen gehabt, aber da habe ich nicht an das Thema gedacht.

In Hongkong, nicht auf dem Jakobsweg, aber wohl bekannt, soll ein neues Parlament gewählt werden. Die chinesische Regierung will dafür nur Kandidatinnen und Kandidaten zulassen, die sie selbst ausgesucht hat. Es kommt dagegen zu massiven und lange andauernden Protesten, mit einem mir nicht bekannten Ende, die Presse hat irgendwann das Interesse an dem Thema verloren, so ist sie halt, aber das ist wieder eine andere Geschichte.

Aber Leute- was soll die Aufregung? In Donaueschingen ist es auch so gewesen, dass von knapp 100 Bewerbern um eine Führungsposition im Rathaus von der Verwaltung, nach interner Vorauswahl, nur drei dem Stadtrat zur Wahl vorgestellt wurden, und alle drei waren Mitglieder der CDU. Es wurmt mich heute noch, dass ich das nicht gemerkt habe, anders als der SPD-Fraktionschef.

Ja, und dann war da noch die Geschichte mit der Wahl eines neuen Oberbürgermeisters.

Ich habe neun Jahre lang mit gutem Gewissen und mit tiefer Überzeugung einen CDU-OB unterstützt. Er war sehr jung, sehr dynamisch und sehr überzeugend. Und obwohl klar war, dass er das als CDU-Mann auch gewinnt, hat er sich massiv bemüht gewählt zu werden.

Er wusste alles über die Stadt, er hat ein Wahlbüro eingerichtet und es geschafft, sich die offizielle Unterstützung meiner Freien Demokraten zu sichern.

---

[154] ADAC-Reiseführer Karte auf Seite 130

Er ist dann nach seinem Wahlsieg fulminant gestartet, hat nicht nur verwaltet, sondern gestaltet und in seiner Amtszeit die Stadt erheblich voran gebracht. Es war eine Zeit, in der ich die Zusammenarbeit mit der CDU als etwas Positives begriffen habe.

Aber dann wurde er Bundestagsabgeordneter, was auch gut ist, denn ein fähiger Abgeordneter in Berlin ist kein Schaden für die Stadt, im Gegenteil. Also OB-Neuwahl.

Diesmal macht der Kandidat der CDU nichts, kein Wahlbüro, er kokettiert mit seinem Unwissen und ist einfach nur nett. Und er wird gewählt.

Dass jemand gewählt wird, der nur darauf setzt CDU-Mann zu sein und sich überhaupt nicht bemüht, das kann ich den Donaueschingern schwer verzeihen. Eine neue Variante zum Thema Machtpolitik: Die Leute stört das nicht.

Deshalb bin ich jetzt, auf dem Höhepunkt des Kommunalwahlkampfs hier am Pilgern, und ich merke von Tag zu Tag mehr, dass ich meine Empathie für Donaueschingen verloren habe. Es ist mir egal, was in der Stadt passiert, ich will auch kein Autokennzeichen „DS" mehr haben, das alte Zeichen aus der Zeit vor der Kreisreform, dessen mögliche Wiedereinführung uns der Kreis VS verweigert hat.

Immerhin habe ich nach meinem freiwilligen Ausscheiden aus dem Stadtrat noch die Ehrung mit dem goldenen Wappenring der Stadt bekommen. Vom neuen OB.

Der Ring ist kein Verdienstorden, sondern eine Zeitstrafe. Zwanzig Jahre Stadtrat, dann kommt die Ehrung automatisch, egal was man in den zwanzig Jahren gemacht hat, unabhängig davon, an wie vielen Sitzungen man teilgenommen hat.

Ich denke, ich hänge ihn im Auto an das Lederband am Rückspiegel, an dem schon hängt: eine goldene Flugzeug-Miniatur einer Piper PA 28 mit dem Rufzeichen D-ELCI, die ich lange geflogen bin, ein Angelhaken, mit dem ich in Norwegen meinen einzigen Fisch gefangen habe, eine kleine Amphore für Lavendelöl aus Südfrankreich und je nach Saison Wollgras oder Heidekraut aus dem Menzenschwander Hochmoor.

Für die mir wichtige Ehrung, die ich bekommen habe, die Theodor-Heuss-Verdienstmedaille, gibt es leider nichts Kleines zum Anstecken oder Aufhängen.

Und damit Schluss mit Kommunalpolitik und zurück zur Aussicht auf Astorga.

Die ist eindrucksvoll, sowas hätte man vor León auch bauen sollen. Die Kathedrale steht als herausragendes Bauwerk in der Mitte, es gibt kein störendes Industriegebiet, in der Landschaft dominieren kleine Gemüsefelder und Hopfengärten.

Der Unterschied zu Burgos, León oder Logrogño und Pamplona besteht darin, dass diese Kirche den ganzen restlichen Weg in die Stadt sichtbar bleibt.

San Justo de la Vega ist kein ernsthaftes Verkehrshindernis, die Bahnlinie wird auf einer Brückenkonstruktion überquert, die sehr an eine Spielzeug-Kugelbahn erinnert.

An einem Kreisverkehr geht es entweder steil bergauf in die Altstadt, oder ohne Steigung nach rechts Schildern nach zu diversen Hostals. Die gibt es dann auch, allerdings erst weit draußen am nördlichen Stadtrand. In der Altstadt gibt es nur zwei Hotels mit zu vielen Sternen, jedenfalls für mich. Mein Zimmer heute Abend liegt über der Bar einer Tankstelle, es riecht nach Benzin.

Schade, dass ich bald wieder meinen Weg unterbrechen muss, ich sollte mal wieder nach meiner Praxis schauen, operieren, was verdienen und mich mit den Lästigkeiten der Gesundheitspolitik in der Realität auseinandersetzen.

Zum Beispiel mit der gesetzlichen Regelung, nur noch Therapieverfahren anzuwenden, deren Wirksamkeit durch eine evidenzbasierte Studie nachgewiesen, deren Wirksamkeit wissenschaftlich belegt ist.

Liebe Gesetzgeber. Es gibt keine einzige evidenzbasierte Studie, die belegt, dass „die Benutzung eines Fallschirms beim Absprung aus Flugzeugen geeignet wäre, schwerkraftbedingte schwere Verletzungen oder Todesfälle zu vermeiden". Trotzdem hat sich in entsprechenden Situationen die Benutzung eines Fallschirms durchgesetzt. So wollen wir es doch auch in der Medizin halten.

Da passt es doch, dass evidenzbasiert nach Meinung der Erfinder bedeutet, dass es einen Beweis für die Wirksamkeit einer Methode geben muss. Das ist aber ein Übersetzungsfehler aus dem Englischen, evidence heißt zwar Beweis, aber im Deutschen bedeutet Evidenz Offensichtlichkeit, ein Beweis erübrigt sich also.

Das mit dem Fallschirm bedarf noch einer Ergänzung und einer Erklärung für die Anführungszeichen.

Amerikanische Forscher haben sich mal den Scherz erlaubt, eine entsprechende wissenschaftliche Arbeit zu veröffentlichen[155]. Aus dem Titel dieser Arbeit stammt mein oben stehender Satz.

Mensch Leute, das war nicht ernst gemeint, das nennt man Ironie, und manche Gesetze und Vorschriften haben auch nichts anderes verdient, jedenfalls keinen Respekt.

---

[155] http://www.bmj.com/content/327/7429/1459

# 26  Astorga

Im Jahr 2013 hatte der Erzbischof im deutschen Limburg, Franz-Peter Tebartz-van Elst, ein Problem: Sein Neubau des Bischofssitzes wurde viel teurer als geplant, sehr viel teurer.

Das ist mir eigentlich egal, ich frage mich nur, warum er sich nicht mit einem Satz wie „Aber Astorga war doch viel teurer" zu rechtfertigen versucht hat. Das hätte ihm eine Atempause verschafft, zumindest bis Kritiker und Journalisten herausgefunden hätten, was er meint.

Aber sind wir doch mal ehrlich: Was wäre die westlich-abendländische Kultur ohne die Prunksucht der katholischen Kirche und der Adelshäuser heute? Kein Schloss Neuschwanstein, keine Kathedralen, nur biedere Bethäuser.

Der Bischofspalast in Astorga, geplant und zu Anfang gebaut von dem Stararchitekten Gaudi, muss sündhaft teuer gewesen sein. So teuer, dass er nach seiner Fertigstellung nie als Bischofssitz diente und jetzt ein Museum ist. Das wäre doch auch eine Lösung für Limburg!

Ich kann den Palast nicht so recht beschreiben, andere können das besser:

„Der Bischofspalast von Astorga: zwischen 1887 und 1893 wurde die schrulligen und manchmal missverstanden, architektonische Sprache von Antoni Gaudí Cornet (1852 und 1926) brillant in einem seiner bedeutendsten Werke wider. Der Bau wurde durch das Ministerium für Gnade und Gerechtigkeit auf Anregung des Bischofs von dieser uralten Bevölkerung Leon, D. beauftragt Juan Bautista Grau Vallespinós-wer kannte den katalanischen Architekten in Tarragona, und blieb unvollendet aufgrund von Meinungsverschiedenheiten mit dem Kanon Gaudi starb einmal Bischof. Doch sie eine der besten neo-gotischen Bauten von Spanien sind, beherbergt heute das "Museum der Wege '. In dem Geist, der katalanischen Gotik beleuchtet, gedruckt Gaudí Das schlanke Gebäude ihre besondere persönliche Note, einschmeichelnd und in den drei großen Bögen ausgestelltem ihrer Veranda innovative architektonische Lösungen. Hergestellt aus Granit und abgedeckt Bierzo pizarra präsentiert Kreuzes mit runden Türmen an den Ecken. Von innen sind die Halle des Thrones und des Oratoriums oder

Kapelle. Das gesamte Gebäude wird von einem kleinen Wassergraben, der das ganze gibt einen Hauch von Stärke umgeben."[156]

Alles klar? Genauso sieht das Ding aus. Der Bischofssitz ist heute in der Calle Carmen, Nummer 2, das ist hinter dem Rathaus.

Im Museum gibt es unter vielem anderen die typischen Darstellungen Jakobs als Apostel, als Pilger und als Maurentöter. Das hatten wir ja schon in Villalcázar de Sirga.

---

[156] http://www.decorarconarte.com/Episcopal-Palast-von-Astorga-Leon-23x16x13-cm

Auf dem dritten Bild hat Jakob ein bisschen die Haltung eines islamistischen Terroristen, aber man kann den Unterschied an der Kopfbedeckung deutlich erkennen, auch am Fortbewegungsmittel und natürlich am Zeichen auf dem Schild.

Und es gibt, schön oben an der Stadtmauer gelegen, einen „Garten der Synagoge". Der hat, auch sehr schön, einen schmiedeeisernen Zaun mit einem ebensolchen Tor, und das ist zu. Also verschlossen.

Wo es einen Garten der Synagoge gibt, sollte es auch eine Synagoge geben oder zumindest gegeben haben.

Wenn ich bei Google „Astorga" und „Synagoge" eingebe, finde ich als einziges relevantes Ergebnis in einem Forum über den Camino den Satz „Stolz zeigte er [der Herbergswirt] mir Fotos aus den Tagen, als er die Herberge aus den Ruinen einer alten Synagoge und Resten der römischen Epoche mit eigenen Händen wiederaufgebaut hat"[157].

---

[157] http://429290.forumromanum.com/member/cms/cms.php?action=cms_hp&page=8420&USER=user_429290&sublink=5557

Das klingt eher verdächtig als gut, ist aber beim näheren Hinsehen auch unzutreffend, weil es hinter Astorga in Villafranca del Bierzo war, das Suchergebnis gibt es nur, weil der Autor seinen Weg in Astorga begonnen hat.

Neben dem Garten steht die Pilgerherberge und davor mal wieder eine Bronzefigur, aber die ist anders.

Sie heißt „El Caminante", das ist der Gehende oder der Wanderer, aber nicht El Peregrino, der Pilger.

Es ist nicht nur der Name. El Caminante trägt einen Koffer auf seiner Schulter, keinen Rucksack. Auch sein Mantel und sein Hut hat nichts pilgermäßiges, auch nicht mittelalterlich. Das ist definitiv ein Flüchtling.

Keine Synagoge, nur noch ein Garten, dazu ein Flüchtlingsdenkmal- da komme ich in's Grübeln.

Also erst mal: Es gab im Mittelalter ein blühendes Judentum in Spanien. Bis 1492. Da wurde das so genannte Alhambra-Edikt erlassen, wodurch die Juden gezwungen waren, entweder auszuwandern (ein nettes Wort für Flucht

218

und Vertreibung) oder zum Katholizismus zu konvertieren. Letzteres haben wohl auch viele gemacht, allerdings ohne unter dem Namen Katholiken ihr jüdisches Leben aufzugeben.

Und vor allem weckt die Situation den Gedanken an das ganz real und aktuell weltweit bestehende massive Flüchtlingsproblem.

Ich habe ja ohnehin vor, heute Mittag mit dem Zug nach Burgos und weiter mit meinem hoffentlich noch dort stehenden Auto nach Hause zu fahren. Meine zwei Wochen Auszeit sind mal wieder vorbei.

Aber ein schales Gefühl bleibt. Da pilgern wir in unserer High-Tech-Ausrüstung locker durch die Landschaft, sorgen uns um Blasen an den Füßen oder volle Herbergen und anderswo sind Menschen gezwungen, die Strapazen einer Flucht auf sich zu nehmen. Irgendwas passt da nicht zusammen.

Für das Pilgern bleibt als akzeptable Motivation eigentlich nur die religiöse; deshalb kann es gut sein, dass dieser Gedanke für mich einen Bruch mit dem Camino bedeutet.

Ich scheue mich ohnehin etwas vor den auf den letzten Etappen zu erwartenden noch größeren Pilgermassen. Und die Urkunde aus Santiago brauche ich nun wirklich nicht, die hätte ich einfacher haben können, ich werde mich falls ich doch je nach Santiago komme, dafür keinesfalls irgendwo in einer Pilgerschlange anstellen. Sogar einer der Bus-Pilger von Petra Oelker hat sie bekommen, geschicktes Stempelsammeln in Pinkelpausen[158].

Allerdings darf ich von diesem Buch und auch von Ulrich Hinse jetzt sowieso nichts mehr erzählen, sonst verrate ich noch deren Pointen und Lösungen.

Und von Hape Kerkeling kann ich mich hier in einer gewissen Verbundenheit verabschieden. „Wer sich leer fühlt, hat eine einmalige Chance im Leben", und „Eigentlich ist mein Camino hier beendet, denn meine Frage

---

[158] Petra Oelker Seite 369 / 370

ist eindeutig beantwortet". Nun, er schreibt auch noch „Ab jetzt kann mir der Weg eigentlich nur noch Freude bereiten"[159].


Wir werden sehen. Natürlich gibt es in den Bergen hinter Astorga Dinge zu entdecken. „Im nahen Gebirge wohnen die in ganz Spanien als Maultiertreiber bekannten einzigartigen Maragatos"[160], zum Beispiel. In Villafranca de Bierzo gibt es eine Abkürzung zur Vergebung unter Vermeidung von Santiago de Compostela, schreibt Paulo Coelho[161]. Aber jetzt ist erst mal Schluss.

Immerhin habe ich jeden einzelnen Kilometer, sei es Landschaft, Stadt oder Industriegebiet, konsequent und vollständig zu Fuß zurückgelegt.

Ich habe meinen Rucksack den ganzen Weg selbst getragen und ich habe, glaube ich, nie über sein Gewicht gelästert- das in der Kathedrale von León war was anderes.

Ich habe mir ein Land erarbeitet und ich habe auch die Anreise aus eigener Kraft und mit eigener Erfahrung der Entfernung erlebt. Ich habe viel gesehen und viel gelernt, nicht nur über Geschichte und Kultur, auch oder vor allem über mich.

Allerdings bin ich mir nicht mehr sicher, ob die Heilige in Hontanas tatsächlich die Birgitta von Schweden war.

Und, hey, ich habe ein Buch geschrieben und sie haben es gekauft und gelesen! Ich bin mit mir zufrieden.

Ich bin sogar deutlich entspannter und zuversichtlicher bezüglich meiner Haltung zur Politik und meiner Kritik an den handelnden Personen. Vielleicht gehe ich ja doch zur Eröffnung des vom OB versprochenen schwedischen Möbelhauses oder des Musicaltheaters in Donaueschingen, wenn ich eingeladen werde.

---

[159] Hape Kerkeling Seite 241
[160] Brockhaus' Konversations=Lexikon. Vierzehnte Auflage, Verlag F.A. Brockhaus in Leipzig, Berlin und Wien 1893. Erster Band, Seite 1017
[161] Paulo Coelho Seite 161

Wer meckert, muss auch bereit sein zur Diskussion und zur sachlichen Auseinandersetzung und immer an die zweite Chance denken.

Ja, Politik frustriert, aber sie macht auch Sinn und Spaß. Jedenfalls dann, wenn man nicht versucht, den Menschen eine autoritäre Antwort auf ihre Fragen und Probleme überzustülpen, sondern sich bemüht, ihnen Chancen auf eigene Entwicklung zu eröffnen. Wenn man Liberaler, wenn man freier Demokrat ist.

Erkenntnis des Weges: Die Suche nach Freiheit für die Einzelnen ist immer ein Engagement wert, und das soll auch hinter Astorga so bleiben.


Der Zug schafft das, wofür ich zehn Tage gebraucht habe in zwei Stunden. Weil der neue Bahnhof in Burgos weit außerhalb der Stadt liegt, so wie in Bonn oder Besançon, darf ich auch noch Taxi fahren. Auf dem Rückweg ist das erlaubt.

Mein Auto erwartet mich unversehrt vor dem Rektorat der juristischen Fakultät der Universität, das war also wirklich ein guter Platz. Die Hotel-Brüder samt Eltern freuen sich, mich wieder zu sehen und haben das gleiche Zimmer frei wie auf dem Hinweg.

Es fehlt nur noch das Getränk, das Zucchero[162] hatte, als er den Text zu Chocabeck[163] schrieb. Und Burgos ist immer noch eine schöne Stadt, aber den heutigen Abend habe ich schon in Kapitel 16 verarbeitet.

Vielleicht nehme ich mir als nächstes die Via Francigena vor, von Canterbury nach Rom, oder als Teilstrecke von zu Hause nach Rom, es soll da am Po[164] einen Fährmann geben, der die Pilger mit einem alten Kahn übersetzt.

Der neueste Fernwanderweg, von Äthiopien nach Feuerland, der Besiedelung der Erde durch die Menschheit folgend, 34 000 Kilometer, sieben Jahre

---

[162] Adelmo Fornaciari, italienischer Sänger und Liedermacher, geb. 1955
[163] Lied von s.o., siehe auch http://www.songtexte.com/songtext/zucchero/chocabeck-3be92414.html
[164] Hier: Fluss in Oberitalien

Minimum[165], ist mir zu lang, das lasse ich erst mal Paul Salopek machen und verfolge seine Berichte im National Geographic.

Aber wenn ich doch noch mal von Astorga aus weiterlaufe, vielleicht an Santiago vorbei direkt nach Finisterre, Feld 64 im Gänsespiel, dann parke ich auf dem Platz zwischen der Kriminalpolizei und dem Hauptquartier der Guardia Civil. Das habe ich mir schon ausgesucht.

*Astorga, 22. Mai 2014, 8:15 Uhr. Auf dem Weg zum Bahnhof*

Hinter dem Regenbogen geht es weiter!

---

[165] http://www.nationalgeographic.de/reportagen/paul-salopek-der-lange-weg-in-die-welt

## Verpasste Ziele, nachzuholende Aktionen

- Logroño, Plaza de la Oca, Gänsespiel als Bodenmosaik

- Eremitage Virgen del Rio, Weg ab Población de Campos am Rio Ucieza entlang (Seite 149)

- San Millán de Suso und San Millán de Yuso (Seite 104)

- Kathedrale von León, innen Fotos machen

- Santo Domingo de Silos und Quiintanilla de las Viñas (Seite 132)

- Eunate, eine echte Kerze mitnehmen und anzünden (Seite 61)

- El Burgo Ranero, mit Pfarrer Calvo reden (Seite 179)

- Im Freien übernachten

- Eine Etappe unter dem Sternenhimmel im Dunkeln laufen

- In Hontanas die Identität der Heiligen klären

# Orte

| | |
|---|---|
| Neustadt im Schwarzwald | 18 |
| Pamplona | 49 |
| Pfohren | 19 |
| Reliegos | 184 |
| Río Salado | 71 |
| Roncevalles | 35 |
| San Antón | 139 |
| San Bol | 136 |
| San Juan de Ortega | 115 |
| San Millan de la Cogolla | 104 |
| Sansol | 79 |
| Santo Domingo de la Calzada | 104 |
| Schwenningen | 16 |
| Terradillos de Templarios | 159 |
| Torres del Río | 81 |
| Tosantos | 109 |
| Trinidad del Arre | 46 |
| Tula | 189 |
| Villacalzár de Sirga | 146 |
| Villatuerta | 72 |
| Virgen del Río | 149 |

# Personen

# Themen

# Etappen

1 – 4     April 2011

5 – 13    April 2013

14 – 23   Mai 2014

|  | von | über - nach | km |
|---|---|---|---|
|  |  |  |  |
| 1 | Saint Jean Pied de Port | Roncesvalles -Burguete | 28 |
| 2 | Burguete | Larrasoaña | 24 |
| 3 | Larrasoaña | Pamplona - Cizur Menor | 20 |
| 4 | Cizur Menor | Alto del Perdón – Eunate - Puente la Reina | 24 |
| 5 | Puente la Reina | Cirauqui | 8 |
| 6 | Cirauqui | Estella – Irache – Los Arcos | 35 |
| 7 | Los Arcos | Torres del Río - Viana | 19 |
| 8 | Viana | Logroño - Navarrete | 22 |
| 9 | Navarrete | Nájera - Azofra | 24 |
| 10 | Azofra | Cirueña – Santo Domingo de la Calzada – Redecilla del Camino | 26 |
| 11 | Redecilla del Camino | Belorado – Villafranca Montes de Oca | 25 |
| 12 | Villafranca Montes de Oca | San Juan de Ortega - Atapuerca | 18 |
| 13 | Atapuerca | Burgos | 21 |
| 14 | Burgos | Hornillos del Camino - Hontanas | 31 |

| 15 | Hontanas | Castrojeriz – Boadilla del Camino | 30 |
|----|----------|-----------------------------------|----|
| 16 | Boadilla del Camino | Frómista – Villalcázar de Sirga – Carrión de los Condes | 25 |
| 17 | Carrión de los Condes | Calzadilla de la Cueza - Lédigos | 24 |
| 18 | Lédigos | Sahagún | 14 |
| 19 | Sahagún | Calzadilla de los Hermanillos – El Burgo Ranero | 25 |
| 20 | El Burgo Ranero | Reliegos – Mansilla de las Mulas | 19 |
| 21 | Mansilla de las Mulas | León – Virgen del Camino | 27 |
| 22 | Virgen del Camino | Villar de Mazarife – Hospital de Órbigo | 32 |
| 23 | Hospital de Órbigo | Astorga | 17 |

www.klotzi.org